HERIBERT BUSSE - GEORG KRETSCHMAR

JERUSALEMER HEILIGTUMSTRADITIONEN IN ALTKIRCHLICHER UND FRÜHISLAMISCHER ZEIT

1987

OTTO HARRASSOWITZ WIESBADEN

CIP-Kurztitelaufnahme der Deutschen Bibliothek

Busse, Heribert:
Jerusalemer Heiligtumstraditionen in altkirchlicher und frühislamischer Zeit / Heribert Busse ; Georg Kretschmar. – Wiesbaden : Harrassowitz, 1987.
(Abhandlungen des Deutschen Palästinavereins)
ISBN 3-447-02694-4
NE: Kretschmar, Georg:

Gedruckt mit Unterstützung der Deutschen Forschungsgemeinschaft
Gesamtherstellung: Zechnersche Buchdruckerei, Speyer
Printed in Germany

ABHANDLUNGEN
DES DEUTSCHEN PALÄSTINAVEREINS

Herausgegeben von

SIEGFRIED MITTMANN UND MANFRED WEIPPERT

HERIBERT BUSSE - GEORG KRETSCHMAR

JERUSALEMER HEILIGTUMSTRADITIONEN IN ALTKIRCHLICHER UND FRÜHISLAMISCHER ZEIT

1987

OTTO HARRASSOWITZ WIESBADEN

INHALT

TEMPEL, GRABESKIRCHE UND ḤARAM AŠ-ŠARĪF. DREI HEILIGTÜMER UND IHRE GEGENSEITIGEN BEZIEHUNGEN IN LEGENDE UND WIRKLICHKEIT

VON HERIBERT BUSSE

I

Der Tempelplatz in Jerusalem hat im Laufe von mehr als drei Jahrtausenden eine wechselvolle Geschichte gehabt[1]. Für unser Thema, das nicht nur die äußeren Beziehungen zwischen den drei Heiligtümern, sondern auch die Beziehungen zwischen den drei großen Religionen betrifft, ist vor allem die Zeit nach der Zerstörung des Tempels durch die Römer im Jahr 70 von Interesse. Im Gefolge des Bar Kochba-Aufstandes wurde der Tempelplatz, nachdem er mehr als sechzig Jahre brach gelegen hatte, ein heidnisches Heiligtum. Der unter Hadrian errichtete Jupitertempel und die Kaiserstatue wurden noch von Hieronymus gesehen[2]. Nach Konstantins Toleranzedikt entstanden die Grabeskirche und andere Kirchen in Jerusalem und Palästina, aber der Tempelplatz blieb aus mancherlei Gründen leer. Noch zweimal versuchten die Juden, den Platz wieder in Besitz zu nehmen, zuerst unter Julian Apostata (361–63), dann kurz nach der arabischen Eroberung Jerusalems, wie von dem armenischen Historiker Sebeos berichtet wird[3]. Das erste verläßliche und datierte Zeugnis für die Präsenz der Muslime ist der Bericht des Bischofs Arkulf, der um 675 in Jerusalem weilte und von der provisorischen Moschee spricht, die die Muslime auf dem Platz errichtet hatten[4]. Wenig später, unter dem Kalifen *ʿAbd al-Malik b. Marwān* (685–705) und dessen Sohn und Nachfolger *al-Walīd* (705–15) entstanden Felsendom und Aqsa-Moschee, zwei Prachtbauten, die das Bild des *Ḥaram aš-šarīf* bis heute bestimmen und den Anspruch der Muslime auf den Platz augenfällig demonstrieren.

Obwohl die Wahl des Tempelplatzes für die islamischen Prachtbauten den Schluß nahelegt, daß Anschluß an den jüdischen Tempel gesucht wurde, ist bei den Muslimen selbst schon bald nach besonderen Motiven für die Bautätigkeit

1 Instruktiv ist die kurze Übersicht bei HERBERT DONNER, Pilgerfahrt ins Heilige Land. Die ältesten Berichte christlicher Palästinapilger (4.–7. Jahrhundert) (Stuttgart 1979), 26.

2 Vgl. K.A.C. CRESWELL, Muslim Architecture (Oxford ²1969), 30 f.

3 Franz. Übers. von F. MACLER, Histoire d'Héraclius par l'évêque Sebèos (Paris 1904) (schrieb um 670).

4 DONNER, Pilgerfahrt (Anm. 1), 337.

der beiden Omaiyadenkalifen gesucht worden. Zu nennen sind hier der arabische Historiker *Ya'qūbī*, der im 9. Jahrhundert schrieb (gest. 897 A. D.), und der aus Jerusalem stammende, in der zweiten Hälfte des 10. Jahrhunderts schreibende *al-Muqaddasī*. *Ya'qūbī* stellte die bekannte Behauptung auf, *'Abd al-Malik* habe aus politischen Gründen die *Ka'ba* durch den Felsendom ersetzen und die mekkanische Pilgerfahrt nach Jerusalem umleiten wollen. Diese Behauptung ist auch von der westlichen Islamkunde zunächst übernommen worden[5], doch hat neuerdings S. D. GOITEIN (1950) diese Auffassung widerlegt. Der arabische Historiker habe als Schiit die Omaiyaden in Mißkredit bringen wollen; es sei undenkbar, daß sie es gewagt haben könnten, ein göttliches, durch den Propheten Muhammad verkündetes Gebot, nämlich die Pilgerfahrt nach Mekka, die ein wesentliches Element des Bekenntnisses zum Islam ausmacht, eigenmächtig zu ändern. Im Anschluß an eine bekannte, gleich zu behandelnde Aussage *al-Muqaddasī*s kommt GOITEIN zu dem Schluß "that rivalry with Christendom (d. h. mit dem Prachtbau der Grabeskirche und anderen Kirchen in Palästina), together with the spirit of Islamic mission to the Christians, was at work at the creation of the famous Dome (of the Rock)."[6]

Nun zu *al-Muqaddasī* und seinem Bericht über den Tempelplatz. J. GILDEMEISTER hat schon 1884 die berühmte Antwort, die *al-Muqaddasī* von seinem Onkel auf die Frage nach dem Sinn der Prachtbauten erhielt, übersetzt: „Du weißt, daß Abdalmalik, als er die Größe der Kuppel der Ḳumāma (d. h. der Grabeskirche) und ihre schöne Form sah, aus Furcht, daß sie auf die Muslimen zu großen Eindruck mache, über der Sachra (dem Felsen) eine Kuppel errichtete, wie du siehst."[7] Über diese Auffassung, eine rein äußerliche Konfrontation von Islam und Christentum, verkörpert im *Ḥaram aš-šarīf* auf der einen und der Grabeskirche auf der anderen Seite, ist auch OLEG GRABAR (1959) nicht wesentlich hinausgekommen, wenngleich er sich darum bemüht, einen Anschluß an die jüdischen Traditionen zu finden, und er den Felsendom in kenntnisreicher Weise in den kunsthistorischen Zusammenhang stellt, was den eigentlichen Wert seines Beitrages ausmacht. Ausgehend von Überlegungen über die Plazierung des Felsendoms, die Formen der Architektur (vor allem die Mosaiken in der Trommel) und die aus der Zeit *'Abd al-Malik*s stammende Bauinschrift über

5 Vgl. IGNAZ GOLDZIHER, Muhammedanische Studien (Halle 1889-90), II 35-37. Neuerdings wieder MAURICE BORRMANS, Jérusalem dans la tradition religieuse musulmane, Islamochristiana 7 (1981), [2-18] 8.

6 SHELOMO DOV GOITEIN, The Historical Background of the Erection of the Dome of the Rock, JAOS 70 (1950), [104-108] 106. RUDOLF SELLHEIM, Der Zweite Bürgerkrieg im Islam (690-692) (Frankfurt/M. 1969), tendiert wieder zu GOLDZIHERs Auffassung.

7 J. GILDEMEISTER, Beiträge zur Palästinakunde aus arabischen Quellen. 4. Muḳaddasī, ZDPV 7 (1884), [143-171] 152.

den Arkaden im Oktogon kommt er zu folgendem Ergebnis: "Its location can be explained as an attempt to emphasize an event of the life of Abraham either in order to point to the Muslim character of a personnage equally holy to Christians and Jews or in order to strengthen the sacredness of Palestine against Meccan claims. The royal symbols in the mosaics could be understood as simply votive or as an expression of the defeat of the Byzantine and Persian empires by the Muslims. Finally the inscriptions are at the same time a statement of Muslim unitarianism and a proclamation to Christians and Jews, especially to the former, of the final truth of Islam."[8]

GOITEIN und GRABAR haben, wie auch andere Autoren, den Felsendom als isoliertes Bauwerk behandelt und keine Beziehung zur Aqsa-Moschee hergestellt. Diese Behandlungsweise bot sich auch deshalb an, weil beide Gebäude nicht zur gleichen Zeit errichtet worden sind. Gleichwohl besteht eine Beziehung zwischen beiden Bauten, von denen man annehmen muß, daß sie zwar sukzessive errichtet, aber doch nach einem einheitlichen Konzept geplant wurden: Der Haupt-*miḥrāb* der Aqsa-Moschee liegt nämlich auf einer Linie mit dem hl. Fels, was zur Folge hat, daß die Mittelachse der Moschee nicht mit der Mittelachse des *Ḥaram aš-šarīf* identisch ist, sondern westlich davon liegt, und daß östlich der Aqsa-Moschee, bis zur Ostmauer des *Ḥaram,* ein freier Raum bleibt. Schon *Muqaddasī* ist sich dessen bewußt gewesen und hat darüber nachgedacht, wie sicherlich auch andere vor ihm. Er sagt: „(Der östliche Teil der Südseite des Tempelplatzes) wurde aus zwei Ursachen unbebaut gelassen, einmal wegen des Ausspruchs *'Omar's*: ‚Legt im westlichen Teil dieser Moschee[9] einen Gebetsort für die Muslimen an,' so daß man jenes Stück, um nicht zuwider zu handeln, frei ließ, und zweitens, weil, wenn sie das bedeckte Stück[10] bis zur Ecke ausgedehnt hätten, der Fels dem *Miḥrāb* nicht gerade gegenüberliegen würde, was sie vermeiden wollten."[11]

Dieser Bericht wird uns in Einzelheiten später noch beschäftigen. Als erster westlicher Autor hat, soweit mir bekannt ist, der Engländer ERNEST TATHAM RICHMOND (1926) die axiale Anordnung von Felsendom und Aqsa-Moschee einer näheren Betrachtung unterzogen[12]. Anknüpfend an das bereits bekannte Motiv der Rivalität mit der Grabeskirche zieht er eine Parallele zwischen der

8 OLEG GRABAR, The Omayyad Dome of the Rock in Jerusalem, Ars Orientalis 3 (1959), [33–62] 56. Das Ereignis im Leben Abrahams ist natürlich die Opferung Isaaks.

9 Mit „Moschee" ist hier der ganze *Ḥaram* gemeint; darüber weiter unten.

10 Arabisch *al-muġaṭṭā,* der überdachte Teil der Moschee um den *miḥrāb,* im Gegensatz zum offenen Hof.

11 J. GILDEMEISTER, Beiträge (Anm. 7), 164.

12 ERNEST TATHAM RICHMOND, Moslem Architecture 623 to 1516. Some causes and consequences (London 1926).

axialen Anordnung der Gebäude auf dem *Ḥaram* und der einzelnen Teile der Grabeskirche. Diese bestand bis zur Zerstörung im 11. Jh. bekanntlich, von West nach Ost vorgehend, aus drei Hauptteilen: der Rotunde mit dem hl. Grab, dem anschließenden Arkadenhof mit Golgotha und der Konstantinsbasilika (Martyrion) mit dem östlich vorgelagerten Arkadenhof, der etwa dem entspricht, was man bei uns „Paradies“ nennt. Diese drei Teile waren auf einer Achse angeordnet[13]. RICHMOND sagt nun folgendes: “The Holy Sepulchre and its basilica not only incited ‘Abd al-Malik and his architects to an attempt to surpass them, but also may have suggested the plan of relating, by means of a common axis, the roofed sancturary (d.i. die Aqsa-Moschee) with their most important shrine (d.i. der Felsendom).“[14]

RICHMOND gebührt das Verdienst, auf die axiale Anordnung der Teile der Grabeskirche als möglichem Vorbild der axialen Anordnung der Gebäude auf dem *Ḥaram* hingewiesen zu haben. Als 1938–42 in der Aqsa-Moschee Renovierungen vorgenommen wurden, benutzte R.W. HAMILTON die Gelegenheit zu Sondierungen, deren Ergebnis er 1949 veröffentlichte[15]. Eine für unser Problem wichtige Feststellung war die, daß die von *al-Walīd* errichtete Moschee keine Kuppel gehabt haben könne. K.A.C. CRESWELL, einer der besten Kenner der frühislamischen Architektur, hat sich dieser Meinung angeschlossen[16]. Dagegen kam HENRI STERN (1963) zu einem anderen Ergebnis: Die von den Omaiyaden errichtete Moschee habe eine Kuppel vor dem *miḥrāb* (an der gleichen Stelle wie heute) gehabt, ein breites Mittelschiff und ein Querschiff[17]. Hinsichtlich der Grabeskirche als Vorbild geht er weiter als RICHMOND: »Les princes de cette dynastie (d.h. die Omaiyadenkalifen) auraient conçu et fait exécuter ce groupe de deux sanctuaires (d.h. Felsendom und Aqsa-Moschee) pour créer le pendant musulman des édifices du Golgotha.«[18] Und: »L’ensemble du Dôme du Rocher et la

13 Tatsächlich ist die Mittelachse der Konstantinsbasilika etwas nach Süden verschoben, wie die Ausgrabungen bei der kürzlich erfolgten Renovierung gezeigt haben, vgl. CHARLES COÜASNON, The Church of the Holy Sepulchre Jerusalem (London 1974), Tafel XI. Dadurch wurde erreicht, daß die Golgotha-Kapelle am Ende des ersten südlichen Seitenschiffes der Basilika zu liegen kam. Die Abweichung ändert nichts daran, daß idealtypisch eine axiale Anordnung gemeint war. Eine weit ausführlichere Darstellung der Ausgrabungen und ihrer Ergebnisse jetzt bei VIRGILIO C. CORBO O.F.M., Il Santo Sepolcro di Gerusalemme. Aspetti archeologici dalle origine al periodo crociato, I–III (Jerusalem 1981–1982).

14 RICHMOND, Moslem Architecture (Anm. 12), 20.

15 R.W. HAMILTON, The structural history of the Aqsa Mosque (Jerusalem/Oxford 1949).

16 CRESWELL, Muslim Architecture (Anm. 2), 379.

17 HENRI STERN, Recherches sur la Mosquée al-Aqṣā et sur ses mosaïques, Ars Orientalis 5 (1963), 27–47.

18 STERN, Recherches, 38.

mosquée aurait été inspiré par l'Anastasis et le Martyrium.«[19] Nach STERN stammte aber nicht nur die axiale Anordnung der Gebäude von der Grabeskirche, sondern auch die Kuppel vor dem *miḥrāb* der Aqsa-Moschee, die einer Kuppel am westlichen Ende der Konstantinsbasilika, wie man der Baubeschreibung des Eusebius entnehmen zu können glaubte, entsprochen haben soll. Die Vorstellung von einem „Nachbau" bis in solche Einzelheiten hinein hat freilich keine archäologisch voll abgesicherte Grundlage, soweit die Grabeskirche betroffen ist. CHARLES COÜASNON, der Leiter der neuerlichen Renovierungsarbeiten an der Grabeskirche, nimmt jedenfalls an, daß die Konstantinsbasilika am westlichen Ende, also zur Rotunde hin, eine Apsis hatte; ein Teil davon ist bei den Arbeiten unter der Apsis der Kreuzfahrerbasilika (dem heutigen Katholikon der Griechen) zutage getreten. Sie könnte einen hufeisenförmigen Grundriß gehabt haben und die von Eusebius erwähnte „Halbkugel" (hemispherion) darstellen[20].

Ohne uns in der Diskussion der Frage zu verlieren, inwieweit architektonische Einzelheiten der Grabeskirche auf den *Ḥaram aš-šarīf* übertragen worden sind, halten wir fest, daß die axiale Anordnung und die gegenseitige Bezogenheit der Gebäude bzw. Gebäudeteile hier und dort besonders aufschlußreich ist. In der Grabeskirche öffnete sich die Rotunde auf der Mittelachse zum Arkadenhof; der Hauptaltar in der Konstantinsbasilika war auf die Rotunde hin ausgerichtet. Der Rotunde mit dem hl. Grab entspricht auf dem *Ḥaram* der Felsendom mit dem hl. Felsen, der Konstantinsbasilika die Aqsa-Moschee. Der Felsendom ist wie die Rotunde ein Zentralbau, der als eine Art Reliquienschrein den hl. Fels birgt. Die vier Türen öffnen sich nach den vier Himmelsrichtungen. Die südliche Tür, die sich nach der Aqsa-Moschee hin öffnet, ist durch den Porticus vor den anderen Türen hervorgehoben und dadurch als Haupteingang gekennzeichnet; einen ähnlichen Porticus gab es vor der östlichen Tür der Rotunde der Grabeskirche[21]. Der Felsendom war also, obwohl ein Zentralbau und als solcher eigentlich ohne Orientierung im strengen Sinne, zur Aqsa-Moschee hin orientiert, wie die Rotunde in der Grabeskirche zur Konstantinsbasilika. Die südliche Tür ist als Haupteingang auch daran zu erkennen, daß der von dort Eintretende den Anfang der Bauinschrift *ʿAbd al-Malik*s, über den Arkaden im Oktogon, zur Rech-

19 STERN, Recherches, 47.
20 COÜASNON, Holy Sepulchre (Anm. 13), 44. S. auch CORBO, Il Santo Sepolcro (Anm. 13), III, Taf. 3.
21 COÜASNON, Holy Sepulchre, Tafel XVII.

ten hat[22]. Dem Altar der Konstantinsbasilika entspricht in der Aqsa-Moschee der *miḥrāb,* nur daß der vor dem *miḥrāb* Betende den hl. Fels im Rücken hat, während der Altar in der Konstantinsbasilika auf das hl. Grab ausgerichtet war: das eine ist ein christliches, das andere ein islamisches Heiligtum. Das Zentrum der Welt ist für den Muslim nicht mehr der hl. Fels (bzw. der Tempel), sondern die *Ka'ba* in Mekka. In der Funktion der Gebäude hingegen gibt es eine vollkommene Entsprechung: der Gemeindegottesdienst fand dort in der Konstantinsbasilika, hier in der Aqsa-Moschee statt; die Rotunde umschließt als Memorialbau das hl. Grab, der Felsendom den hl. Fels.

II

Nach dem Gesagten kann man kaum noch daran zweifeln, daß beim Bau von Felsendom und Aqsa-Moschee die Grabeskirche irgendwie als Vorbild gedient hat. Das gilt zwar nicht für einzelne Architekturformen, wohl aber für die Anlage im ganzen, wobei aus einleuchtenden Gründen Veränderungen notwendig waren, da die Bauten auf dem *Ḥaram* im Einklang mit den Bestimmungen des Islams stehen mußten. Nachdem Muhammad die *Ka'ba* zur *qibla* gemacht hatte (vgl. Koran, Sure 2, V. 142–45), mußte der hl. Fels in Jerusalem diese Funktion abgeben, und um jeden Irrtum auszuschließen, mußte der *miḥrāb* an der Südseite des *Ḥaram* eingerichtet werden, so daß die Beter den Felsen im Rücken hatten. Die islamische Überlieferung hat diesem Bedürfnis Rechnung getragen, indem sie die Geschichte von einem Streit zwischen dem Kalifen *'Omar,* der angeblich die Moschee auf dem *Ḥaram* gleich nach der Eroberung eingerichtet hat, und seinem jüdischen Gewährsmann *Ka'b al-Aḥbār* erzählt. *Ka'b* soll vorgeschlagen haben, die Moschee (von Mekka her gesehen) hinter dem hl. Fels einzurichten, während *'Omar* aus guten Gründen darauf bestand, an der Südseite des *Ḥaram* zu beten[23]. Allerdings ist später im Felsendom an der Nordseite des hl. Felsens ein *miḥrāb* angebracht worden, der es dem Beter ermöglicht, die vorschriftsmäßige *qibla* einzuhalten, ohne den hl. Fels zu vernachlässigen.

22 Wer die Inschrift liest, umkreist den hl. Fels im Urzeigersinn; beim Umlauf (*ṭawāf*) um die *Ka'ba* dagegen hat der Pilger das hl. Haus zur Linken, auch dies ein Hinweis darauf, daß *'Abd al-Malik* nicht die Absicht hatte, die Wallfahrt nach Mekka durch den Besuch des Felsendomes zu ersetzen. Allerdings muß man den hl. Fels dem Uhrzeigersinn entgegengesetzt umkreisen, wenn man den zweiten Teil der Inschrift, der auf der inneren Seite der Arkade angebracht ist, lesen will. Das Lesen der Inschrift ist aber nicht mit dem Umlauf wesentlich verbunden.

23 Text in engl. Übers. bei GUY LE STRANGE, Palestine under the Moslems. A Description of Syria and the Holy Land from A.D. 650 to 1500, with a New Introduction by WALID KHALIDY (Beirut 1965; Reprint), 143.

Es entsprach gewiß auch den gewandelten Bautechniken, daß der Felsendom im Grundriß Oktogon und Rotunde miteinander verbindet und darin von der Rotunde in der Grabeskirche abweicht. Zwischen der Errichtung beider Gebäude liegt immerhin ein Zeitraum von mehr als zweihundert Jahren; inzwischen waren in Palästina mehrere Kirchenbauten mit oktogonalem Grundriß entstanden, an welche die Architekten des Felsendoms anschließen konnten[24].

Mit der Erkenntnis der äußerlichen Beziehungen zwischen Grabeskirche und den *Ḥaram*-Bauten ist noch nicht viel gewonnen. Die nächste Frage muß ja lauten, warum man denn die Grabeskirche zum Vorbild genommen hat. Mit dem von RICHMOND, GOITEIN und STERN gebrauchten, von *al-Muqaddasī* schon in die Debatte geworfenen Argument, die Muslime hätten die christlichen Bauten in Jerusalem und Palästina übertrumpfen wollen, ist die Frage nur unzulänglich beantwortet. Um zu einem besseren Verständnis zu gelangen, müssen wir die Beziehungen zwischen der Grabeskirche und dem herodianischen Tempel ins Auge fassen, und zwar sowohl unter dem Blickwinkel der Architektur, als auch unter dem der Überlieferungen, die sich um die beiden Bauten ranken.

Der herodianische Tempel war, wie schon die Stiftshütte in der Wüste, von Ost nach West orientiert. Nach allem, was wir aus der rabbinischen Überlieferung wissen, lagen die drei Hauptbestandteile, das Allerheiligste, das Heilige und der Brandopferaltar, von West nach Ost vorgehend, auf einer Achse (daß der Brandopferaltar im herodianischen Tempel ein wenig aus der Mittelachse heraus nach Süden gerückt war, können wir hier außer Acht lassen). Östlich an das Tempelhaus und den Brandopferaltar schlossen sich die Vorhöfe der Priester, der Israeliten und der Frauen an. Beim Opfer- oder Wortgottesdienst standen Priester und Gemeinde vor dem Altar mit dem Antlitz zum Tempelhaus bzw. Allerheiligsten. Ist es ein Zufall, daß wir in der Grabeskirche die gleiche Anordnung wiederfinden? Nach den gegenwärtigen archäologischen Erkenntnissen lag an der Stelle der Grabeskirche das Forum der von Hadrian gegründeten Aelia Capitolina, an der Kreuzung der beiden sich rechtwinklig schneidenden Hauptstraßen (Cardo und Decumanus). Nördlich des Forums, vielleicht an der Stelle der Rotunde mit dem hl. Grab, stand das Tripelheiligtum der capitolinischen Gottheiten Jupiter, Juno und Minerva, das von Eusebius als Aphrodite-Tempel bezeichnet wird[25]. Das Forum (bzw. der Teil des Forums, wo heute die Grabeskirche steht) war durch Aufschüttung eines Steinbruchs entstanden, der als

24 Zum Plan vgl. jetzt DORON CHEN, The Design of the Dome of the Rock in Jerusalem, PEQ 112 (1980), 41–50.

25 Dazu jetzt ECKART OTTO, Jerusalem – die Geschichte der heiligen Stadt (Stuttgart u.a. 1980), 171.

Richtstätte gedient haben könnte und auch als Begräbnisstätte benutzt worden ist. Als ehemaliger Steinbruch wies das Gelände beträchtliche Niveauunterschiede auf, und es gab Höhlen, die als Grabstätten dienten oder als solche identifiziert werden konnten. Als der Bau der Grabeskirche geplant wurde, hätte man sich auch für einen anderen Grundriß und eine andere Ausrichtung, z. B. von Norden nach Süden, entscheiden können. Mit der West-Ost Ausrichtung bot sich der Vorteil, daß die Hauptfassade am Cardo Maximus lag. Ein anderes, nach unserer Auffassung schwerer wiegendes Argument war, daß mit der Wahl dieses Grundrisses und dieser Ausrichtung die wichtigsten Teile der Anlage, nämlich das hl. Grab, Golgotha (mit einer leichten Abweichung von der Mittelachse nach Süden) und die Konstantinsbasilika auf einer Achse lagen und damit eine Situation hergestellt wurde, wie sie auf dem Tempelplatz geherrscht hatte.

Der Gedanke einer inneren Beziehung zwischen dem Tempel und der Grabeskirche ist in den Evangelien grundgelegt. Das von Jesus bei der Tempelreinigung angeführte Vollmachtszeichen ist die Aussage, er könne den Tempel, wenn er niedergerissen ist, in drei Tagen wieder aufbauen. „Er aber redete von dem Tempel seines Leibes" (Joh. 2, 13–21). Die mißverstandene Aussage wird Jesus beim Verhör vor Kaiphas und dem Hohen Rat als Anklagepunkt vorgehalten (Mt. 2, 6). „Aber nicht einmal in diesem Punkte stimmte ihre Aussage überein" (Mk. 14, 59). Als Jesus starb, riß der Vorhang des Tempels „von oben bis unten" (Mt. 27, 51 u. Mk. 15, 38) oder „mitten" (Lk. 23, 45 b) entzwei. Was hier vorhergesagt wird (wenn auch möglicherweise als vaticinium ex eventu), nämlich das Ende des Opferkults, wird knapp vier Jahrzehnte später mit der Zerstörung des Tempels Wirklichkeit. Später entsteht am Ort von Jesu Tod und Auferstehung die Grabeskirche und übernimmt für das neue Volk Israel die Rolle, die für das alte Israel der Tempel gespielt hatte. Sie ist die Nachfolgerin des Tempels, und alle Tempeltraditionen gehen auf sie über. Hier war Adams Grab, hier hatte das Isaaksopfer stattgefunden; Golgatha ist der Weltenberg und der Ort, an dem die Paradiesesströme ihren Ausgang nehmen [26]. Mit der Grabeskirche als Nachfolgerin des Tempels ist Jesu Wort von seinem Leib als dem Tempel Gottes auf überraschende Weise in eine bauliche Wirklichkeit umgesetzt worden.

Der „neue Tempel" oder das „neue Jerusalem", wie Eusebius die Grabeskirche nennt [27], ist der Ort von Jesu Leiden und Tod, durch den der jüdische Opferkult zu einem Ende gekommen ist. Der Altar des Neuen Bundes ist zunächst das

26 Vgl. JOACHIM JEREMIAS, Golgotha (Leipzig 1926).

27 Eusebius, Vita Constantini, l. III c. 33. Auch der Name *Bait al-maqdis,* den die Muslime gebrauchen, hat unterschiedliche Bedeutung. Er bezeichnet manchmal den Tempel, dann die Stadt Jerusalem, schließlich Palästina bzw. das Heilige Land. Nur so ist verständlich, daß z. B. gesagt wird, Jesus sei in *Bait al-maqdis* geboren, Abraham in *Bait al-maqdis* begraben usw.

Kreuz, dann der Altar, auf dem das unblutige Opfer vollzogen wird. Der anonyme Verfasser des „Breviarius", der vermutlich am Anfang des 6. Jahrhunderts schrieb, stellt eine Beziehung zwischen Kreuz und Altar der Konstantinsbasilika her: „Die große Apsis im Westen ist der Ort, wo die drei Kreuze gefunden wurden. Darüber steht ein Altar aus Silber und Gold."[28]

Die Kreuzauffindung hat, wenn man dem Bericht des Eusebius folgt, bei der Planung und beim Bau noch keine Rolle gespielt[29]. Wenn man das hl. Grab suchte, mußte man sich am Tempelplatz orientieren und per analogiam auf dem Forum graben. Hadrian hatte, wie der mit dem Bau der Grabeskirche zeitgenössische „Pilger von Bordeaux" berichtet, auf dem Platz des herodianischen Tempels einen Jupitertempel errichtet[30]. Wenn die Römer, so mochte man in Jerusalem (oder Konstantinopel) denken, große Mühe darauf verwendet hatten, den jüdischen Tempel zu entehren und in Vergessenheit geraten zu lassen und an der Stelle einen Jupitertempel errichtet hatten, lag die Annahme nahe, sie hätten die gleiche Behandlung dem hl. Grab zukommen lassen. Die Situation war hier und dort die gleiche: auf dem Tempelplatz der hl. Fels mit der Höhle und dem Jupitertempel darüber, auf dem Forum das Tripelheiligtum der Gottheiten Jupiter, Juno und Minerva, von Eusebius Aphrodite-Tempel genannt, über dem Fels mit der Höhle des hl. Grabes. Die von Eusebius erzählte Geschichte von der Auffindung des hl. Grabes könnte sich in dem Teil, der von den Bemühungen der Heiden handelt, es zu entehren und zu verstecken, genau so auf den hl. Fels auf den Tempelplatz beziehen: „Diese heilbringende Höhle (sc. das hl. Grab) hatten also einige Gottlose und Verworfene bei den Menschen gänzlich in Vergessenheit bringen wollen, von dem Wahne geleitet, dadurch wohl die Wahrheit verbergen zu können. Und wirklich verwandten sie viel Mühe darauf, von außen Erde hinein zu schaffen und den ganzen Platz zu bedecken; sie führten dann einen Hügel darüber auf und legten Steine darauf, und suchten so unter diesem vielen Schutt die göttliche Höhle zu verbergen. Sodann errichteten sie (...) über der Erde (...) dem ausschweifenden Dämon der Aphrodite einen dunklen Schlupfwinkel."[31]

28 JOHN WILKINSON, Jerusalem Pilgrims before the Crusades (Jerusalem 1977), 59. Jetzt auch E. D. HUNT, Holy Land Pilgrimage in the Later Roman Empire AD 312–460 (Oxford 1982), 48.

29 ZE'EV RUBIN, The Church of the Holy Sepulchre and the conflict between the sees of Caesarea and Jerusalem, Jerusalem Cathedra 2 (1982), 79–105, zeigt, daß Eusebius von Caesarea die Erzählung von der Auffindung des hl. Kreuzes durch Helena in Gegenwart des Bischofs von Jerusalem aus kirchenpolitischen Gründen unterdrückt hat.

30 Vgl. OTTO, Jerusalem (Anm. 25), 171 f.

31 Eusebius, Vita Constantini, l. III c. 26. Deutsche Übers. von JOHANNES MARIA PFÄTTISCH, Des Eusebius Pamphili vier Bücher über das Leben des Kaisers Konstantin und des Kaisers Konstantin Rede an die Versammlung der Heiligen (Kempten u. München 1913), 112 f.

Eusebius hat offenbar selbst gespürt, welche gefährlichen Schlußfolgerungen aus der Erzählung gezogen werden könnten (da ihre Herkunft nur unvollkommen verschleiert war). Er bemüht sich daher, sie zu entschärfen, indem er im folgenden Teil die Entdeckung des hl. Grabes zufällig geschehen läßt. Ursprünglich hätte man nur den Aphrodite-Tempel zerstören wollen; dann habe man auch die Trümmer beseitigt und sicherheitshalber, um allen heidnischen Unrat zu entfernen, in die Tiefe gegraben; dabei sei man auf das hl. Grab gestoßen. Das steht freilich im Widerspruch zum vorhergehenden Abschnitt, wo Eusebius erzählt, der Kaiser habe, „vom Heiland selber im Geist dazu angetrieben", am Ort der Auferstehung (den er doch wohl schon kannte) eine Kirche zu errichten beschlossen[31a]. Mir scheint es fast sicher, daß die Erzählung vom Schutt und seiner Beseitigung ursprünglich auf den Tempelplatz gehört hat und von Eusebius (oder seinem Gewährsmann) auf die Grabeskirche übertragen worden ist. Biblische Vorbilder lieferten zwei Tempelreinigungen, die erste unter Hiskia (2 Chr. 29), die zweite unter den Makkabäern (1Mak. 4, 36ff.; 2Mak. 10, 1–8). Reizvoll wäre auch der Gedanke, daß unter Bar Kochba eine Tempelreinigung stattgefunden hätte. Doch ist es umstritten, ob Jerusalem während des Aufstandes erobert wurde, was natürlich die Voraussetzung für Aktivitäten auf dem Tempelplatz gewesen wäre[32]. Wenn es auch schwierig ist, bei Eusebius und in der Kreuzauffindungslegende (in ihren verschiedenen, gleich zu behandelnden Versionen) literarische Parallelen zu den biblischen Tempelreinigungsberichten im einzelnen festzustellen, bleibt doch die Tatsache bestehen, daß die Beschreibung der Profanierung des hl. Grabes durch die Römer ebenso gut auf den Tempelplatz paßt. Bei der Gründung der Grabeskirche handelte es sich nach Auffassung des Eusebius und seiner Zeitgenossen um die Restitution eines Heiligtums. Die dazugehörige Legende wurde mit Elementen ausgestattet, die aus anderen Bereichen kamen. Nur um die literarische Ausstattung geht es hier, nicht um die Frage, ob das hl. Grab „echt" ist.

Neben dem Bericht des Eusebius haben wir die bekannte Erzählung von der entscheidenden Rolle, die Kaiserin Helena beim Bau der Grabeskirche gespielt hat. Sie wird von Eusebius, wie schon erwähnt, verschwiegen. Im Mittelpunkt der Helena-Legende steht die Auffindung von drei Kreuzen, die Identifizierung des wahren Kreuzes durch eine Totenerweckung und die Erbauung der Grabeskirche auf Veranlassung der Kaiserin. Die Legende ist mit reichen Einzelzügen ausgestattet. Nach Rufinus von Aquileja (gest. 410) hat Helena den Ort von den

31a Eusebius, Vita Constantini, l. III c. 25.

32 Zu dem Problem jetzt PETER SCHÄFER, Geschichte der Juden in der Antike. Die Juden Palästinas von Alexander dem Großen bis zur arabischen Eroberung (Stuttgart 1983), 169–71.

Bewohnern Jerusalems erfragt[33]; ein paar Zeilen weiter sagt Rufinus freilich, der Ort sei ihr durch ein himmlisches Zeichen gezeigt worden („cum ... properasset ad locum coelesti indicio designatum"). Daß es eine lokale, noch lebendige Überlieferung über den Ort der Kreuzigung gab, wird auch von Paulinus von Nola (gest. 431) angenommen: Helena versammelte gelehrte Christen und Juden in Jerusalem, die den Ort identifizieren sollten[34]. Der Kirchenhistoriker Sulpicius Severus begnügt sich mit der Feststellung, Helena habe den Ort in Erfahrung gebracht („Helena de loco passionis certior facta")[35]. Über die persönliche Beteiligung der Kaiserin an den Ausgrabungsarbeiten sagt Ambrosius von Mailand (gest. 397) kurz und nicht klar: „Aperit itaque humum, decutit pulverem, tria patibula, quae ruina contexerat, inimicus absconderat."[36] Die anderen Autoren lassen Helena lediglich entsprechende Befehle erteilen. Im Osten wuchert die Erzählung weiter: In der Cyriacus-Legende ist Helenas Gewährsmann der Jude Judas; auf ein Gebet hin findet er den Ort mit Hilfe eines Wohlgeruchs, der aus dem Boden strömt; er gräbt 20 Ellen tief und findet die drei Kreuze. Er wird gläubig, empfängt die Taufe, erhält den Namen Cyriacus und wird nach dem Tod des Makarios Bischof von Jerusalem[37]. Nach der Protonike-Legende zwingt Protonike, Gemahlin des Kaisers Claudius (reg. 41–54) und somit Zeitgenossin der Apostel, die Juden, den Ort von Jesu Leiden und Tod den Aposteln als Eigentum zu übergeben; die drei Kreuze findet sie im hl. Grab selbst[38]. Mit dieser Einzelheit ist die Erzählung mit dem Bericht des Eusebius, der ja ausschließlich von der Auffindung des hl. Grabes spricht, harmonisiert.

In die Zeit der Entstehung der Helena-Legende, für die man ab Ambrosius ein halbes Jahrhundert ansetzen muß[39], fällt der Versuch des Wiederaufbaus des Tempels unter Julian Apostata (361–63). Man darf erwarten, daß die Berichte über die Reinigung des Tempelplatzes und die Bauarbeiten am Tempel mit Elementen ausgestattet sind, die zum Bau der Grabeskirche und zur Helena-Legende gehören, oder umgekehrt. Die Vermutung liegt um so näher, als wir über den Tempelbau unter Julian fast ausschließlich christliche Berichte haben,

33 Rufini Aquilensis Presbyteri Historia Ecclesiastica, l. I c. VII, MPL 21, Sp. 476.

34 S. Paulini Nolani Episcopi Epistola XXXI, MPL 61, Sp. 328.

35 Sulpicii Severi Libri qui supersunt, ed. K. HALM (CSEL, 1, Wien 1866), Chron. II 34. MPL 20, Sp. 148.

36 S. Ambrosii Oratio de obitu Theodosii, c. 45, MPL 16, Sp. 1464.

37 Text u. Übers. bei J. STRAUBINGER, Die Kreuzauffindungslegende. Untersuchungen über ihre altchristlichen Fassungen mit besonderer Berücksichtigung der syrischen Texte (Paderborn 1912), 37.

38 Text u. Übers. bei STRAUBINGER, Kreuzauffindungslegende, 87–92.

39 Vgl. STRAUBINGER, Kreuzauffindungslegende, 108.

die natürlich polemisch gefärbt sind[40]. Nur Ammianus Marcellinus, Anhänger Julians und ein zuverlässiger und unbestechlicher Geschichtsschreiber, bemüht sich um Sachlichkeit. Danach sind die Arbeiten durch Feuer (vielleicht als Folge eines Erdbebens) unterbrochen (und dann wegen Julians Tod nicht wieder aufgenommen) worden[41]. Von den phantasievollen Ausführungen der christlichen Autoren interessiert uns hier vor allem die Beteiligung der Frauen an den Arbeiten. Nach Gregor von Nazianz (gest. ca. 390) „verzichteten deren (sc. der Juden) Frauen nicht nur gerne auf all ihren körperlichen Schmuck zugunsten des Unternehmens und der Arbeiter, sondern glaubten auch, Gott einen Dienst zu erweisen, wenn sie an ihrer eigenen Brust den Schutt wegschleppten und weder auf ihre kostbaren Kleider, noch auf ihre zarten Glieder achteten"[42]. Ähnliches sagt der Kirchenhistoriker Sozomenos, der vor 450 schrieb[43]. Theodoret von Kyrrhos (gest. 466) spricht von den Werkzeugen und Körben aus Silber, welche eigens für die Arbeiten angefertigt wurden[44]. Man ist versucht, das silberne Kästchen, das Helena für die Kreuzesreliquie anfertigen ließ[45], als eine Parallele heranzuziehen, wenn nicht klar wäre, daß eiserne Werkzeuge beim Tempelbau nicht erlaubt waren (vgl. 1Kön. 6, 7). Die Mitwirkung der Frauen aber ist ein Zug, der von der Helena-Legende her eine zwanglose Erklärung findet, auch wenn die Frauen um Helena nicht unmittelbar an den Arbeiten beteiligt sind. Rufinus von Aquileja erzählt, Helena habe in Jerusalem gottgeweihte Jungfrauen zu einem Gastmahl eingeladen und persönlich bedient[46]. Die karitative Betätigung der Kaiserin wird auch in der Cyriacus-Legende erwähnt, wo es heißt, Helena habe in Jerusalem große Geschenke gegeben und sie dem Bischof zum Dienste der Armen überlassen[47]. Dies wiederum erinnert an König Salomo, über den in der islamischen Überlieferung, sicherlich im Anschluß an jüdische Quellen, folgendes erzählt wird: „Wenn er in den Tempel kam, schaute er um-

40 Vgl. ROBERT L. WILKEN, John Chrysostom and the Jews (Berkeley-Los Angeles-London 1983), 128ff.: The Temple in Jerusalem and Christian Apologetics.

41 Ammiani Marcellini Rerum Gestarum libri qui supersunt. Texte établi et traduit par JACQUES FONTAINE, IV (Paris 1977), 78: „... metuendi globi flammarum, prope fundamenta crebris adsultibus erumpentes, fecere locum exustis aliquotiens operantibus inaccessum, hocque modo, elemento destinatius repellente, cessavit inceptum".

42 Des heiligen Gregor von Nazianz Reden. Aus dem Griechischen übersetzt von PHILIPP HÄUSER (München 1928), 158ff. (V. Rede).

43 Sozomeni Historia Ecclesiastica, l. V c. 22, MPG 67, Sp. 1281–85.

44 Theodoreti Episcopi Cyrensis Ecclesiasticae Historiae L. III, c. 15. MPG 82, Sp. 1111–13. Theodoret von Cyrus, Kirchengeschichte, aus dem Griechischen übers. von ANDREAS SEIDER (München 1926), 193–95.

45 STRAUBINGER, Kreuzauffindungslegende (Anm. 37), 41.

46 Rufinus, Historia Ecclesiastica (Anm. 33), Sp. 477.

47 STRAUBINGER, Kreuzauffindungslegende (Anm. 37), 48.

her, wo die Versammlung der Armen war. Dann ließ er alle Leute stehen, ging hin und setzte sich demütig zu ihnen. Er erhob seinen Blick nicht zum Himmel und sagte: ‚Ich bin ein Armer mit den Armen'."[48] Almosengeben steht eben höher als Bau des Tempels (oder der Grabeskirche).

Die angeführten Beispiele zeigen, wie Tempel und Grabeskirche und die mit beiden Bauten verbundenen Legenden, Ereignisse und Personen zusammenwachsen und austauschbar werden. Schließlich führt die Errichtung des einen Gebäudes zum vollständigen Ruin des anderen, wobei die Chronologie ganz durcheinander gerät: Eusebius berichtet, der Kaiser habe befohlen, die Überreste des Aphrodite-Tempels und den Boden über dem hl. Grab, „da er durch Dämonen besudelt und befleckt sei", möglichst weit zu entfernen[49]. Nun wäre die Entwicklung einer Legende denkbar, die behauptet, dieser Schutt sei auf dem Tempelplatz, und zwar auf dem hl. Fels deponiert worden. Das geschieht nicht, aber nach der islamischen Überlieferung erbaut Helena die Grabeskirche und zerstört zur gleichen Zeit den Tempel, wie der Jerusalemer Stadtgeschichtsschreiber *Muǧīr ad-Dīn al-'Ulaimī* (gest. 1521) unter Benutzung älterer Quellen berichtet: „Sie (sc. Helena) baute die Grabeskirche (*kanīsat al-qumāma,* wörtlich: ‚Kirche des Kehrichts') ... und riß den Tempel von Jerusalem (*haikal bait al-maqdis*) bis zum Erdboden ab; es ist derjenige Tempel, der in der Moschee (sc. auf dem *Ḥaram aš-šarīf*) stand. Sie befahl, auf dem Platz (des Tempels) den Kehricht (*qumāma*) und den Müll (*zubāla*) der Stadt zu werfen."[50] Der christliche Historiker Eutychius *Ibn al-Baṭrīq* (gest. 940) schreibt Helena die Einrichtung einer Mülldeponie auf dem hl. Fels zu[51]. Das ist das sterquilinium (die Kloake), von der schon der hl. Hieronymus spricht: „Der auf der ganzen Welt berühmte Tempel wurde in eine Kloake (sterquilinium) der neuen Stadt, die nach ihrem Gründer Aelia genannt wurde, und in einen Aufenthaltsort nächtlicher Dämonen umgewandelt."[52] Während Hieronymus auf Kaiser Hadrian anspielt, wobei er die Einrichtung eines heidnischen Kults mit der Einrichtung

48 *Faḍā'il al-Bayt al-Muqaddas d'Abū Bakr Muḥammad b. Aḥmad al-Wāsiṭī,* edité et annoté par ISAAC HASSON (Jerusalem 1979), 39–40 (Nr. 53). Die Königin von Saba pries Salomo wegen seiner Gerechtigkeit und Wohltätigkeit, vgl. LOUIS GINZBERG, The Legends of the Jews (Philadelphia 5729–1968), VI 292.

49 Eusebius, Vita Constantini, l. III c. 27. Tatsächlich sind noch genügend Überreste vorhanden, die es ermöglichen, eine Rekonstruktion des Tempels zu versuchen, vgl. CORBO, Il Santo Sepolcro (Anm. 13), III, Taf. 68 („Ricostruzione ipotetica del Capitolium di Aelia").

50 *Muǧīr ad-Dīn al-'Ulaimī, al-Ins al-ǧalīl bi-ta'rīḫ al-Quds wa-'l-Ḫalīl,* ('Ammān o. J), I 170. Übers. bei A.-S. MARMARDJI, Textes géographiques arabes sur la Palestine (Paris 1951), 36.

51 Text bei DONATUS BALDI, Enchiridion locorum sanctorum S. Evangelii loca respicientia (Jerusalem 1982), 447f. (Nr. 680).

52 BALDI, Enchiridion, 446 (Nr. 676). Auch dies hat ein biblisches Vorbild: König Jehu zerstörte den Baalstempel und machte daraus eine Kloake (2Kön. 10, 18–27).

einer Kloake gleichsetzt, rächen sich die Muslime, da sie die Kaiserin Helena verantwortlich machen, dadurch, daß sie das Wort *qiyāma* („Anastasis") im Namen der Grabeskirche zu *qumāma* verballhornen. Der Schutt auf dem hl. Fels wird, wenn nicht in der Sache, so doch verbal an die Christen retourniert.

Eine interessante Weiterentwicklung der Legende vom Bau der Grabeskirche unter gleichzeitiger Zerstörung des Tempels bietet eine islamische Erzählung, die uns in einem Werk der *Faḍā'il*-Gattung (Aufzählung der Vorzüge Jerusalems) vom Ende des 11. Jahrhunderts begegnet: Die Christen hätten dreimal versucht, den Tempel wiederaufzubauen, doch sei der Bau jedesmal eingestürzt und habe die Kirchweih feiernden Priester und Mönche erschlagen. Daraufhin sei Jesus in der Gestalt eines alten Mannes erschienen und habe den Christen den Platz der Grabeskirche als den ihnen zustehenden Platz für den Bau einer Kirche gezeigt. Die Christen hätten der Weisung gehorcht und aus den Steinen des Tempels die Grabeskirche (und die Kirche der Agonie in Gethsemane) erbaut[53].

III

Die Beziehungen zwischen Tempel und Grabeskirche sind, wie wir gesehen haben, sehr eng und gehen fast bis zur Deckungsgleichheit der beiden Heiligtümer. Wir müssen uns nun der Frage zuwenden, welcher Art die Beziehungen zwischen der Grabeskirche und den islamischen Bauten auf dem *Ḥaram aš-šarīf* sind. Da die architektonischen Beziehungen schon in Abschnitt I behandelt sind, geht es hier darum, die inneren Beziehungen zu beleuchten.

Vorweg sei bemerkt, daß der Name Aqsa-Moschee mit unterschiedlichen Bedeutungen gebraucht worden ist. Ursprünglich ist der ganze Tempelplatz „Moschee" schlechthin. Im Prinzip bedarf es zur Abhaltung des Gottesdienstes (*ṣalāt*) nur eines abgegrenzten, kultisch reinen Platzes mit Kennzeichnung der *qibla* durch einen *miḥrāb* und einer Waschanlage für die kultischen Waschungen. Vom baulichen Typ her haben wir es beim Tempelplatz mit einer Hofmoschee zu tun, in welcher der im Bereich des *miḥrāb* gelegene Teil überdacht ist. Noch *al-Muqaddasī* nennt die heutige Aqsa-Moschee *al-muġaṭṭā* (d.h. „der

53 *Ibn al-Muraǧǧā, Faḍā'il bait al-maqdis,* Hs. Tübingen Ma VI 27, fol. 16 a–b (zu dem Werk vgl. CHR. SEYBOLD, Verzeichnis der arabischen Handschriften ... Tübingen [Tübingen 1907], 62–68, Nr. 27). Mein Aufsatz "The Church of the Holy Sepulchre, the Church of the Agony, and the Temple. The reflection of a Christian belief in Islamic tradition", in dem die Erzählung ausführlich behandelt wird, erscheint demnächst in "Jerusalem Studies in Arabic and Islam. *Jāhiliyya* and Islamic Studies in honour of M.J. KISTER".

überdachte Teil")[54]. Im Laufe der gleich zu schildernden Entwicklung der mit dem Tempelplatz verbundenen Ideen hat eine Umbenennung stattgefunden. Zunächst heißt der ganze Platz Aqsa-Moschee; dann wird der Name auf den überdachten Teil beschränkt; mit dem Brunnen vor dem Haupteingang bildet der heute unter dem Namen Aqsa-Moschee bekannte Bau innerhalb des *Ḥaram aš-šarīf* gewissermaßen eine „Moschee in der Moschee". Wenn der ganze Platz als Moschee betrachtet wird, müßten die Waschungen, streng genommen, vor Betreten des Platzes vorgenommen werden. Reste solcher Waschanlagen sind ja heute noch vor den Toren anzutreffen, z. B. vor dem *Bāb as-silsila,* wo ein antiker Sarkophag zum Wasserbecken umfunktioniert worden ist[55].

Wenn wir den islamischen Überlieferungen folgen, hat der Kalif *'Omar* (634–44) die Übergabe Jerusalems persönlich entgegengenommen, sich gleich nach dem Einzug auf den Tempelplatz begeben, diesen gereinigt und eine Moschee eingerichtet, die Vorläufer der wenige Jahrzehnte später unter *'Abd al-Malik* geplanten und teilweise errichteten Bauten gewesen ist. Wir lassen dies auf sich beruhen[56] und gehen davon aus, daß der Tempelplatz für die Anlage einer Moschee bestens geeignet war, nachdem Herodes der Große dem Platz eine rechteckige Form mit einer nach Süden weisenden Längsachse gegeben hatte. Wenn die Muslime dort eine Moschee einrichten wollten, hatten sie nichts weiter zu tun, als den Platz von eventuell noch vorhandenen Trümmern oder Schutt zu säubern und in der Mitte der Südmauer, sofern sie Sinn für Symmetrie hatten, einen *miḥrāb* zur Kennzeichnung der *qibla* anzubringen. Wir haben Grund zu der Annahme, daß sie tatsächlich so verfahren sind: Genau in der Mitte der Südmauer, auf der Mittelachse des Platzes, in dem östlichen Anbau der heutigen Aqsa-Moschee, der von den Kunsthistorikern „Sakristei der Aqsa-Moschee" genannt wird, befindet sich ein *miḥrāb;* es dürfte der älteste *miḥrāb* (oder zumindest die älteste Stelle eines solchen) in diesem Bereich sein. Der kleine Bau trägt den Namen *Ǧāmi' 'Omar* („Freitagsmoschee *'Omars*")[57]. Wenn es auch zweifelhaft bleibt, ob die Zuschreibung an den zweiten Kalifen, den angeblichen Eroberer Jerusalems, zu Recht besteht, so dürften wir hier doch den ersten Gebetsplatz der Muslime auf dem Tempelplatz vor uns haben. Die von Bischof Arkulf

54 S. o., Anm. 10.

55 Der Brunnen wird gespeist aus einer Wasserleitung, die im 10. Jahrhundert (*al-Muqaddasī*) zum ersten Mal erwähnt wird, vgl. GUSTAF DALMAN, Jerusalem und sein Gelände (Gütersloh 1930), 273 f. Der heutige Bau ist datiert 943/1537, vgl. M. H. BURGOYNE, The Architecture of Islamic Jerusalem (The British School of Archaeology in Jerusalem; Jerusalem 1976), Nr. 125.

56 Vgl. H. BUSSE, *'Omar*'s image as the conqueror of Jerusalem, Jerusalem Studies in Arabic and Islam 8 (1986), 149–168.

57 Vgl. den Plan des *Ḥaram* bei CHARLES E. WILSON, Ordonance Survey of Jerusalem (o. O. 1865).

um 675 erwähnte provisorische Moschee hat aller Wahrscheinlichkeit nach hier gestanden und ist vielleicht von *Mu'āwiya,* Statthalter von Syrien ab 641, Kalif von 661 bis 680 und Begründer der Omaiyadendynastie, eingerichtet worden.

Es stellt sich die Frage, welche Idee denn die Muslime mit dieser ersten Moschee verbunden haben. Ich möchte behaupten, daß sie den Platz aus rein praktischen Gründen auswählten. Vielleicht verfolgten sie dabei auch die Absicht, die Juden fernzuhalten, die gleich nach der arabischen Eroberung versucht haben sollen, wie der Armenier Sebeos berichtet, den Tempelplatz in Besitz zu nehmen [58]. Mit der Einrichtung einer Moschee an dieser Stelle trennten sich die Muslime aber auch vom christlichen Jerusalem, von dem sie bei der Eroberung und kurz danach noch stark beeinflußt waren [59], und machten den ersten Schritt hin zum islamischen Jerusalem. Bevor aber die Idee vom islamischen Jerusalem als dem dritten Heiligtum nach Mekka und Medina sich voll durchsetzte, war noch eine Zwischenstufe zu nehmen; man könnte sie, da hier die Restitution des jüdischen Tempels im Vordergrund stand, das jüdisch/islamische Jerusalem nennen. Diese Stufe wird gegen Ende des 7. Jahrhunderts mit dem Bau des Felsendoms und der Planung der Aqsa-Moschee unter *'Abd al-Malik b. Marwān* erreicht. Daß beide Bauten als ein Ensemble zu sehen sind und nicht unabhängig voneinander interpretiert werden können, ist oben schon gesagt worden.

Für *'Abd al-Maliks* Ausgestaltung des Tempelplatzes sind, wie eingangs schon erwähnt, unterschiedliche Motive genannt worden. Sie lassen sich in zwei Gruppen zusammenfassen: Die einen sehen darin das Bemühen, im Zusammenhang mit der politischen Situation während des Zweiten Bürgerkrieges, der *'Abd al-Malik* sieben Jahre lang in Atem hielt, in Konkurrenz zu den Heiligtümern im *Ḥiǧāz* zu treten (GOLDZIHER), die anderen vertreten die Auffassung, der Kalif habe den Muslimen ein Heiligtum geben wollen, das mit den christlichen Kultbauten in Jerusalem konkurrieren konnte und zugleich unter den Christen für den Islam werben sollte (GOITEIN). Neuerdings hat GERNOT ROTTER die These vertreten, der Bau des Felsendoms sei 72/691–92, dem in der Bauinschrift genannten Datum, nicht abgeschlossen, sondern erst begonnen worden; er sei im Kontext der Maßnahmen *'Abd al-Maliks* zur Arabisierung des Diwans und Er-

58 S.o. Anm. 3. Italien. Übers. auch bei LEONE CAETANI, Annali dell'Islam III (Neudruck Hildesheim–New York 1972), 941 f. (§ 144).

59 Vgl. H. BUSSE, *'Omar b. al-Ḫaṭṭāb* in Jerusalem, Jerusalem Studies in Arabic and Islam 5 (1984), 73–119.

satz der christlichen Münzlegende durch islamische Formeln zu sehen[60]. ROTTERs These nähert sich der von GOITEIN vertretenen an und bedarf in diesem Zusammenhang keiner ausführlichen, eigenen Behandlung. Beiden Thesen steht eine dritte, von J.W. HIRSCHBERG vertretene Auffassung gegenüber: "The primary reason why (...) 'Abd al-Malik built the Dome of the Rock there (i.e. on the Temple Mount in Jerusalem) were the Jewish beliefs and legends associated with the city."[61]

HIRSCHBERGs These muß, was die Mittel angeht, deren der Kalif sich bediente, zugestimmt werden. Die causa efficiens war der Wunsch, sich vom christlichen Jerusalem zu trennen, und nicht der, unter den Christen Stimmung für den Islam zu machen. Die Trennung vom christlichen Jerusalem aber lag in der Luft und war nicht in erster Linie durch Rücksichtnahme auf die politische Situation bedingt. Der erste Schritt zur islamischen, d.h. nicht nur physischen Inbesitznahme des Tempelplatzes und über diese hinausgehend, war die Lokalisierung von Davidstraditionen im Anschluß an die biblischen Berichte über den Kauf der Dreschtenne des Jebusiters Arauna, die Errichtung eines Altars und Darbringung eines Opfers an der Stelle, an welcher der Engel auf Davids Reue hin das wegen der Volkszählung verhängte Strafgericht einstellte (2Sam. 24; 2Chr. 3,1). Das ist der Platz des Tempels, den David nicht bauen durfte, der hl. Fels, für *'Abd al-Malik* ein wesentlicher Bestandteil des wiederaufzubauenden Tempels. Zur Übernahme der Davidstraditionen gehört die Identifizierung des Kettendoms (*Qubbat as-silsila*) als „Gerichtsplatz Dawids" (*maḥkamat Dāwūd*) und des *miḥrāb* in der Mitte der Südmauer, wo angeblich *'Omar* als erster betete, als „Gebetsplatz Davids" (*miḥrāb Dāwūd*). Ich möchte die Hypothese wagen, daß der Kettendom (oder ein Vorgängerbau) vor (im zeitlichen Sinne) dem Felsendom erbaut worden ist[62], was vom Standpunkt der architektonischen Gegebenheiten einleuchtender ist als die umgekehrte Annahme, da doch niemand leugnen kann, daß der Kettendom neben dem Felsendom störend wirkt; nachdem er aber einmal stand, konnte man ihn nicht mehr entfernen, als man den Felsendom baute. War der Kettendom aber vor dem Felsendom vorhanden, so muß

60 GERNOT ROTTER, Die Umayyaden und der Zweite Bürgerkrieg (680–692) (Wiesbaden 1982), 227–30, mit einer guten Zusammenfassung der Problemstellung. Der Vollständigkeit halber sei hier auch die These von WERNER CASKEL, Der Felsendom und die Wallfahrt nach Jerusalem (Köln u. Opladen 1963), erwähnt. CASKEL glaubt, an Hand einer Äußerung in der arabischen Dichtung der frühen Omaiyadenzeit ein Opferfest, das auf dem *Ḥaram* gefeiert worden sei, nachweisen zu können.

61 J.W. HIRSCHBERG, The Sources of Moslem traditions concerning Jerusalem, Rocznik Orientalistyczny 17 (1952), 314–350. Die zitierte Passage steht auf S. 320–321.

62 Auf die Davidstraditionen auf dem Tempelplatz werde ich demnächst in einem gesonderten Aufsatz, für den ich das einschlägige Material gesammelt habe, eingehen.

man auch annehmen, daß die Lokalisierung der Davidstraditionen auf dem Tempelplatz dem Bau des Felsendoms vorangegangen ist und den ersten Schritt zur Islamisierung darstellte. Was *'Abd al-Malik* nun wollte, war die Wiedererrichtung des jüdischen Tempels (natürlich ohne den Opferkult), und nicht, wie O. GRABAR meint, die Hervorhebung des hl. Felsens, auf welchem Abraham, wenn man der jüdischen Überlieferung folgt, seinen Sohn Isaak opfern wollte[63]. Dabei muß man auch bedenken, daß Felsendom und Aqsa-Moschee in der Idee zusammengehören. Beide zusammen stellen den wiedererrichteten Tempel dar.

Daß der hl. Fels der Platz war, an dem der Tempel bzw. das Allerheiligste gestanden hatte, dürfte im Anschluß an jüdische Traditionen schon damals klar gewesen sein. In der westlichen Forschung hat man über die Lage des Tempelhauses und der dazugehörigen Anlagen auf dem *Ḥaram* mit Ausdauer und großem Engagement gestritten. Erst kürzlich sind zwei neue Hypothesen aufgestellt worden. Unter Hinweis auf die Bemerkung des Flavius Josephus, der herodianische Tempelplatz sei quadratisch gewesen und der Tempel habe in der Mitte gestanden, hat ERNST VOGT eine Lage südlich vom hl. Fels postuliert[64]. A.S. KAUFMANN, ein israelischer Naturwissenschaftler, ist auf Grund genauer Messungen in Verbindung mit dem Ritual am Versöhnungstag und der Lage des Goldenen Tores und der *Qubbat al-arwāḥ*, sowie unter der Verwendung anderer Beobachtungen zu dem Schluß gekommen, der Tempel müsse nördlich des Felsendoms gestanden haben; die *Qubbat al-arwāḥ* bezeichne die Stelle des Allerheiligsten[65]. Diesen Hypothesen hat HERBERT DONNER widersprochen und den schon immer angenommenen Standort auf oder am hl. Fels verteidigt, ohne sich freilich auf Einzelheiten festzulegen[66]. Neuerdings hat DAVID M. JACOBSON die interessante These aufgestellt, der Brandopferaltar habe im Zentrum des rechteckigen Tempelplatzes gestanden, das heißt an der Stelle, wo heute der Kettendom steht[67]. Mit dieser Annahme läßt sich das Tempelhaus mit den Vorhöfen zwanglos auf dem Terrain anordnen, und zwar so, daß das Tempelhaus auf dem hl. Fels liegt.

Es waren jüdische Traditionen, die in Jerusalem wieder an die Oberfläche kamen, wenn man die christliche Schicht wegnahm. *'Abd al-Malik* konnte an jü-

63 O. GRABAR, Dome of the Rock (Anm. 8), 42.

64 ERNST VOGT, Vom Tempel zum Felsendom (Tabula extra seriem), Biblica 55 (1974), 23–64.

65 A.S. KAUFMANN, Art. Temple, Encyclopaedia Judaica, Yearbook 1975–76 (Jerusalem 1976) 393–97 (mit Plänen). Eine Lage nördlich vom hl. Fels nimmt auch TH.A. BUSINK, Der Tempel von Jerusalem von Salomo bis Herodes, Bd. I (Leiden 1970), an.

66 HERBERT DONNER, Der Felsen und der Tempel, ZDPV 93 (1977), 1–11.

67 DAVID M. JACOBSON, Ideas concerning the plan of Herod's Temple, PEQ 112 (1980), 33–40.

dische Elemente anschließen, die in den Islam aufgenommen worden waren und zeitweise eine wichtige Rolle spielten. Muhammad selbst hatte eine stark judaisierende Phase gehabt, als er nach seiner Ankunft in Medina fast anderthalb Jahre lang in Richtung nach Jerusalem betete. Wenn der Name der Stadt oder des Heiligtums anläßlich der Änderung der *qibla* im Koran (Sure 2, 143–45) auch nicht erwähnt wird, scheint es doch keinen Grund zu der Annahme zu geben, die alte *qibla* sei eine andere als Jerusalem gewesen. Mit der Änderung der *qibla* war Jerusalem nicht entweiht, sondern lediglich im Rang hinter Mekka und die *Ka'ba* gestellt worden[68].

Wenn es sich darum handelte, den Tempel wiederaufzubauen und man nach einem architektonischen Vorbild suchte, brauchte man nur zur Grabeskirche zu gehen. Sie war die Nachfolgerin des Tempels und wurde von den Christen gedanklich und baulich mit dem Tempel identifiziert. Natürlich konnten nicht die an der Grabeskirche hängenden christlichen Ideen übernommen werden, nämlich Tod und Auferstehung Jesu, da Jesus nach koranischer Aussage (Sure 4, V. 157) weder getötet, noch gekreuzigt worden und folglich auch nicht von den Toten auferstanden war. Um die Muslime vor der Gleichsetzung des Felsendoms mit der Grabeskirche zu warnen und sie von der Annahme abzuhalten, der Felsendom sei nichts anderes als der von der Stadt auf den *Ḥaram* zurückversetzte Tempel mit den Inhalten der Grabeskirche, wurden in die Bauinschrift christologische Aussagen aufgenommen, die geeignet waren, den genannten Zweck zu erfüllen.

Die Bauinschrift besteht aus einer Aneinanderreihung von Koranzitaten und der Nennung des Bauherrn und des Datums. Hier interessiert nur der erste, aus Koranzitaten bestehende Teil. Ich kann mich kurz fassen, da ich die Inschrift schon an anderer Stelle analysiert habe[69]. Der erste Teil ist in zwei Abschnitte gegliedert, die im Ambulatorium über den mittleren Arkaden außen und innen

68 A.J. WENSINCK, Art. *Ḳibla,* Enzyklopaedie des Islām II (1927), bes. Sp. 1060 a–b. In Mekka soll Muhammad an der *Ka'ba* zwischen dem Schwarzen Stein und der Südecke gebetet haben, mit Blick nach Norden (Syrien), so daß die *Ka'ba* und Jerusalem auf einer Linie lagen, vgl. A. GUILLAUME, The Life of Muhammad. A translation of *Isḥāq's Sīrat Rasūl Allāh* (Oxford–New York–Delhi 1978), 135.

69 Die erste Aufnahme der Bauinschrift stammt von MAX VAN BERCHEM, Matériaux pour un Corpus Inscriptionum Arabicarum. Deuxième partie – Syrie du Nord. Jérusalem „*Ḥaram*" (Le Caire 1925), 223 ff. (Nr. 214 u. 215). Neue Aufnahme nach den jüngsten Renovierungen von CHRISTEL KESSLER, *'Abd al-Malik's* inscription in the Dome of the Rock: A reconsideration, JRAS 1970, 2–14. OLEG GRABAR, The Dome of the Rock (Anm. 8), ist auf die Inschrift nur kurz eingegangen. Analyse des Inhalts in meinen Aufsätzen: Die arabischen Inschriften im und am Felsendom in Jerusalem, Das Heilige Land 109 (1977), 8–24, und: Monotheismus und islamische Christologie in der Bauinschrift des Felsendoms in Jerusalem, Theologische Quartalschrift 161 (1981), 168–178.

(nach dem hl. Fels hin) angebracht sind. Der erste Abschnitt ist in fünf Teile eingeteilt, die mit jeweils geringfügigen Varianten das islamische Glaubensbekenntnis zum Inhalt haben: Es gibt keinen Gott außer Allah, Muhammad ist der Gesandte Gottes; es folgt jeweils eine Eulogie über den Propheten. Der zweite Abschnitt gliedert sich in drei Teile; unter Verwendung von Koranzitaten wird gesagt, daß Jesus nicht Gottes Sohn, sondern nur „der Gesandte Gottes und sein Wort, das Er der Maria entboten hat, und Geist von Ihm" sei, usw. (Sure 4, V. 171–72); daß der Islam als (einzig wahre) Religion bei Gott gelte, usw. (Sure 3, V. 18–19).

Natürlich muß man fragen, warum in der Inschrift Sure 4, V. 157, die Leugnung von Jesu Kreuzestod, nicht erwähnt wird. Sure 4 ist mit den Versen 171–72 ja vertreten. Die Antwort muß lauten: weil V. 157 im Zusammenhang mit dem Vorhergehenden zu lesen ist. Der Abschnitt beginnt mit V. 153 und enthält eine Auseinandersetzung mit den Juden, deren Freveltaten vom Aufbegehren gegen Mose bis zum Prophetenmord aufgezählt werden; die Liste ihrer Untaten gipfelt in ihrer Behauptung, sie hätten Jesus gekreuzigt. „Aber sie haben ihn (in Wirklichkeit) nicht getötet und (auch) nicht gekreuzigt. Vielmehr erschien ihnen (ein anderer) ähnlich (so daß sie ihn mit Jesus verwechselten und töteten)."[70] Der ganze Abschnitt ist also allein gegen die Juden gerichtet. Im Felsendom brauchte man aber, um sich von der Grabeskirche zu distanzieren, eine Aussage gegen die Christen, und diese fand man in Texten des Korans, die sich mit der christlichen Lehre von der göttlichen Natur Jesu auseinandersetzen. Andererseits schlossen sich die Muslime beim Bau des Felsendoms an die jüdischen Überlieferungen an und waren daher nicht geneigt, antijüdische Aussagen in das Inschriftenprogramm aufzunehmen.

Die christliche Überlieferung spricht von Jesu descensus ad inferos während des dreitägigen Aufenthalts im Grab. Unter den Auslegungen dieser Episode findet sich eine, die besagt, Jesus habe in der Unterwelt den Patriarchen des Alten Bundes das Evangelium gepredigt und sie auf diese Weise der Erlösung teilhaftig gemacht. Das ist eine Variante zu der Vorstellung, das Kreuz sei auf dem Grab Adams errichtet[71], und durch das auf die Gebeine Adams herabfließende Blut Jesu sei in der Person des Protoplasten die Menschheit insgesamt in das Erlösungswerk einbezogen worden. Jesu Predigt in der Unterwelt hat in ei-

70 Übersetzung von RUDI PARET mit den Zusätzen in Klammern, ohne die der Text schwer verständlich wäre. In den Zusätzen spiegelt sich das Koranverständnis der Muslime in der älteren Zeit.

71 Am Rande sei vermerkt, daß Origenes in seinem Kommentar zum Matthäusevangelium sagt, die Tradition von Adams Grab auf Golgotha sei von den Juden zu ihm gekommen, vgl. HUNT, Holy Land Pilgrimage (Anm. 28), 19.

ner Einzelheit der islamischen Überlieferung von der Nächtlichen Reise und Himmelfahrt des Propheten Muhammad, von der gleich zu sprechen sein wird, eine Parallele: Nach der Ankunft auf dem Tempelplatz, dem Ziel der Nächtlichen Reise, seien Muhammad die Gottesmänner Abraham, Mose und Jesus, seine Vorgänger im Prophetenamt, erschienen, und er habe mit ihnen das Gebet (*ṣalāt*) verrichtet, wobei er als Vorbeter (*imām*) fungiert habe. Das entspricht genau der christlichen Überlieferung von Jesu Predigt des Evangeliums in der Unterwelt; nur ist es hier ein zentrales Stück des Islams, nämlich das liturgische Gebet, das Muhammad seine Vorgänger lehrt, wodurch er sie in den Islam hineinnimmt[72]. Die Erzählung zeigt außerdem, daß für die Muslime der *Ḥaram* nicht nur der Nabel der Welt ist, der Eingang ins Paradies, sondern auch der Zugang zur Unterwelt, aus der die Gottesmänner emporsteigen (während Jesus vom Himmel herabsteigt), um am Gebet teilzunehmen. Beides kann ja auch von der Grabeskirche gesagt werden und gehört zu den Vorstellungen, die vom Tempelplatz auf die Grabeskirche übertragen worden sind.

Mit der Wiedererrichtung des Tempels durch den Bau (bzw. die Planung) von Felsendom und Aqsa-Moschee hatte Jerusalem seine christlich-islamische Phase verlassen und war in die jüdisch-islamische Phase eingetreten. Neben die alte Mittelachse des *Ḥaram,* die auch die Mittelachse der ersten Moschee gebildet hatte, war eine nach Westen verlagerte Achse getreten, die im Norden den hl. Fels, im Süden den Haupt-*miḥrāb* der Aqsa-Moschee schnitt. Mit einem jüdisch-islamischen Jerusalem konnten die Muslime sich auf die Dauer natürlich nicht abfinden. Die Autorität für das christlich-islamische Jerusalem war Patriarch Sophronius gewesen; unter seiner Führung hatten die Muslime nach der Übergabe der Stadt die christlichen Heiligtümer kennen gelernt und sich schließlich für den Tempelplatz entschieden, ohne damit schon bewußt an den Tempel anzuschließen. Für das jüdisch-islamische Jerusalem beriefen sie sich auf den legendären *Kaʿb al-Aḥbār*, einen angeblich konvertierten Juden, der ihnen die Stelle des Tempelhauses zeigte. Nachdem Felsendom und Aqsa-Moschee erbaut waren, galt es, das jüdische Heiligtum endgültig für den Islam zu vereinnahmen und das rein islamische Jerusalem zu schaffen. Das Mittel dazu war die „richtige" Interpretation von Sure 17, V. 1, wo von der Nächtlichen Reise des Propheten (mit anschließender Himmelfahrt) vom „heiligen Haus" (*al-masǧid al-ḥarām*), nämlich von der *Kaʿba* in Mekka, zur „entferntesten Moschee" (*al-masǧid al-aqṣā*) die Rede ist. Die Identifizierung von *masǧid al-aqṣā* mit dem Heiligtum in Jerusalem gab den Omaiyaden die Möglichkeit, den Tempel zu einem Heiligtum zu machen, an dem sich, wie in Mekka und Medina, islamische Of-

72 Vgl. meinen Aufsatz „Monotheismus und islamische Christologie" (Anm. 69).

fenbarung ereignet hatte. Die Autorität dafür war der Prophet Muhammad persönlich, der den Mekkanern am Morgen nach der Nächtlichen Reise (*isrā'*) und Himmelfahrt (*mi'rāğ*) Jerusalem beschrieben und dadurch den Zweifel an seiner Erzählung von den wunderbaren Vorgängen zu zerstreuen gesucht hatte[73].

Die Lokalisierung von *isrā'* und *mi'rāğ* in Jerusalem ist die Inanspruchnahme einer Restitutionstheophanie. Durch sie wurde das jüdische Heiligtum als Ort, an dem Gott sich offenbart, wiederhergestellt und mit einer islamischen Sinndeutung versehen.

Hier ist nicht der Ort, die Entwicklung der Legende von *isrā'* und *mi'rāğ* im einzelnen zu verfolgen. Ursprünglich war mit *masğid al-aqṣā* das himmlische Gegenstück der *Ka'ba* gemeint[74]; ein Koranverständnis in diesem Sinne ist mindestens bis ins 15. Jahrhundert lebendig geblieben[75]. Die Umdeutung auf Jerusalem muß schon bald nach dem Bau von Felsendom und Aqsa-Moschee erfolgt sein, vielleicht zu einem Zeitpunkt, da mit dem Bau der letzteren gerade begonnen worden war. H. STERN hat gezeigt, daß sehr wahrscheinlich zunächst ein kleinerer Bau geplant war, der noch keine axiale Zuordnung zum hl. Fels hatte; während des Baus sei der Plan geändert worden, und es entstand Aqsa-Moschee II, deren Grundriß im zentralen Teil mit dem heutigen Bau identisch ist[76]. Dies geschah auf jeden Fall zu einem Zeitpunkt, da der Felsendom bereits fertiggestellt war. Während in der Bauinschrift des Felsendoms von *isrā'* und *mi'rāğ*, wie wir gesehen haben, noch keine Rede ist, finden sich in der Aqsa-Moschee insgesamt vier Inschriften mit der Erwähnung von Sure 17, V. 1[77]. Allerdings ist keine der vier Inschriften vor dem Jahr 426 H./1035 A.D. bezeugt[78]. Ihre Placierung an dieser Stelle dürfte aber darauf hinweisen, daß *isrā'* und *mi'rāğ* zunächst in der Aqsa-Moschee lokalisiert worden sind. Erst später wanderten sie zum hl. Fels oder in dessen unmittelbare Umgebung. *Al-Wāsiṭī*, der sein *Faḍā'il*-Buch 410/1019 schrieb, lokalisiert die Himmelfahrt vom „Platz" (*mauḍi'*, sc. *mauḍi' al-mi'rāğ*) rechts vom Felsendom (wenn man in Richtung

73 Vgl. A. GUILLAUME, The Life of Muhammad (Anm. 68), 183.

74 Zur Problematik vgl. jetzt W. MCKANE, A Manuscript on the *Mi'rāj* in the Bodleian, JSS 2 (1957), 366–376.

75 Die mekkanische Überlieferung weiß noch im 15. Jahrhundert nichts von Jerusalem als dem Ziel der Nächtlichen Reise und „Zwischenstation" der Himmelfahrt, wie man bei dem Historiker Mekkas im 15. Jahrhundert, *al-Fāsī*, *al-'Iqd aṯ-ṯamīn fī ta'rīḫ al-balad al-amīn* (eine Sammlung von Biographien, vgl. EI², Art. *al-Fāsī*), Bd. I (Biographie Muhammads) nachlesen kann.

76 H. STERN, Recherches (Anm. 17), 31.

77 Vgl. VAN BERCHEM, Matériaux (Anm. 69), II 381 f. (Nr. 275); S. 407 (am *miḥrāb*, Restaurierung unter Saladin); S. 425 (Nr. 284) (Mamlukenzeit); S. 449 (Nr. 300) (im Portikus der Nordfassade).

78 VAN BERCHEM, Matériaux, 383.

Mekka blickt)[79]. An dem Platz steht heute die *Qubbat al-nabī* (links vom westlichen Eingang des Felsendoms, von der Stadt her gesehen). *Nāṣir-i Ḫosrau,* ein Perser, der Jerusalem im Jahr 438/1047 besuchte und darüber in seinem bekannten Reisewerk berichtet, spricht von der Lokalisierung der Himmelfahrt vom hl. Fels[80]. Den Fußabdruck (*qadam*) Muhammads auf dem hl. Fels deuteten die Kreuzfahrer zum Fußabdruck Jesu um[81]. Die Inschrift mit Sure 17, V 1 ff., die an der Trommel des Felsendoms außen angebracht ist[82], wird schon von *'Alī al-Harawī,* der 569/1173 in Jerusalem weilte, bezeugt[83].

Das Schwanken bei der Lokalisierung des genauen Ortes der Begebnisse bei *isrā'* und *mi'rāǧ* zeigt mehr als alles andere, daß wir es hier mit einer sekundären Überlieferung zu tun haben. Nachdem man den Gedanken aufgegeben hatte, das Ensemble der Gebäude auf dem *Ḥaram aš-šarīf* als den wiederaufgebauten jüdischen Tempel zu betrachten, war man über den Sinn des Felsendoms lange unsicher. Erst allmählich fand man die neue und endgültige Erklärung, daß er an Ereignisse erinnere, die anläßlich der Himmelfahrt des Propheten vom *Ḥaram* aus stattgefunden hatten. Es gab aber auch fromme Muslime, die beim Besuch des *Ḥaram aš-šarīf* den Felsendom nicht zur Kenntnis nahmen und ihm demonstrativ den Rücken zukehrten[84]. Diese Haltung drückt aus, daß die *qibla* im Islam die *Ka'ba,* nicht mehr der hl. Fels ist (wie auch in der Inschrift im Tympanon des Baldachins der Südtür zu lesen ist). Andererseits könnte darin aber auch die Erinnerung daran weiterleben, daß der Felsendom ursprünglich als Nachfolgebau des jüdischen Tempels, als den ihn noch die Kreuzfahrer betrachteten, indem sie ihn Templum Domini nannten, gedacht war. Diese Idee geriet schon bald nach der Erbauung ins Schwanken, aber es bedurfte einer langen Zeit, vielleicht bis zum 11. Jahrhundert, um die Himmelfahrt von der Aqsa-Moschee zum Felsendom zu verlegen. Dieser hatte damit eine neue Erklärung gefunden und war für die Muslime wieder akzeptabel; die Aqsa-Moschee dagegen bedurfte einer solchen Sinndeutung nicht mehr.

79 *al-Wāsiṭī, Faḍā'il* (Anm. 48), 73 f. (Nr. 119).
80 *Marmardji,* Textes géographiques (Anm. 50), 218.
81 Vgl. meinen Aufsatz: Vom Felsendom zum Templum Domini, in: W. FISCHER–J. SCHNEIDER (Hg.), Das Heilige Land im Mittelalter. Begegnungen zwischen Orient und Okzident (Neustadt an der Aisch 1982), [19–32] 30.
82 Zu dieser Inschrift vgl. E. T. RICHMOND, Moslem architecture (Anm. 12), 42 f. und die in Anm. 69 genannten Arbeiten.
83 *Marmardji,* Textes géographiques (Anm. 50), 226.
84 Vgl. GOITEIN, The Historical Background (Anm. 6).

IV

Zusammenfassend kann man sagen, daß die islamische Inbesitznahme des Tempelplatzes sich in fünf Phasen vollzog:

1) Es wird eine Moschee eingerichtet, deren *miḥrāb* in der Mitte der Südmauer liegt, ohne daß eine Anknüpfung an die vorausgegangene Geschichte des Tempelplatzes stattfindet.

2) Der *miḥrāb* in der Südmauer wird als „Gebetsplatz Davids" (*miḥrāb Dāwūd*) identifiziert und die *Qubbat as-silsila* (Kettendom) in der geometrischen Mitte des Platzes errichtet, vielleicht unter Benutzung von dort herumliegenden Teilen eines älteren Gebäudes. Bischof Arkulf, der um 675 Jerusalem besuchte, erwähnt den Kettendom nicht; dieser dürfte zwischen 675 und dem Beginn der Erbauung des Felsendoms um 685 entstanden sein[85].

3) Der Felsendom wird ab etwa 685, die Aqsa-Moschee ab etwa 705 errichtet; beide zusammen genommen werden als Nachfolgebau des jüdischen Tempels verstanden, die Aqsa-Moschee war von Anfang an mit eingeplant. Damit beide Gebäude auf einer Achse liegen, muß der *miḥrāb* nach Westen verlegt werden (während der alte *miḥrāb* natürlich erhalten bleibt, was ja auch von der *Qubbat as-silsila* gilt, die neben dem Felsendom an Schönheit stark abfällt). Die axiale Anordnung der beiden Gebäude hat als Vorbild die Grabeskirche, die den Christen als Nachfolgebau des Tempels gilt.

4) Bald nach Beginn der Bauarbeiten an der Aqsa-Moschee wird der *Ḥaram aš-šarīf* als die Örtlichkeit erkannt, an der sich Ereignisse im Zusammenhang mit *isrā'* und *mi'rāǧ* abgespielt haben. Es ist eine Übergangsphase, in welcher die Ideen von Phase 3 noch nachwirken; allmählich fixieren sich die Traditionen von *isrā'* und *mi'rāǧ* im und am Felsendom. Die Aqsa-Moschee verliert den zuerst intendierten Zusammenhang mit dem Felsendom, wird als isolierter Bau betrachtet und zieht den Namen *al-masǧid al-aqṣā* von Sure 17, V. 1, der sich ursprünglich auf den ganzen Platz bezogen hatte, auf sich.

5) Der Tempelplatz bezieht seine Heiligkeit allein aus *isrā'* und *mi'rāǧ;* die Erinnerung an den jüdischen Tempel tritt ganz in den Hintergrund, wenn auch die damit verbundenen Überlieferungen weiterleben, darunter auch die Davidstradition, die am Anfang der islamischen Inbesitznahme gestanden hatte. Diese Phase beginnt nach der Kreuzfahrerzeit und dauert bis heute an.

85 Die Deutung des Kettendoms im Zusammenhang mit der Lokalisierung von Davidstraditionen auf dem Tempelplatz bedarf noch einer genauen Prüfung, s. auch o. Anm. 62.

Nachträglich wäre zur Charakterisierung von Phase 2 zu bemerken, daß auch sie eine Übergangsphase ist. Noch herrscht die Davidstradition vor; diese führt fast zwangsläufig zum Tempel, dessen Bau ja von David vorbereitet war.

Einer von den Muslimen allgemein rezipierten Überlieferung nach, die natürlich mit größter Reserve zu behandeln ist, hat *ʿOmar b. al-Ḫaṭṭāb,* der Schwiegervater Muhammads, einer seiner treuesten Paladine und der zweite der Rechtgeleiteten Kalifen (634–44), die Übergabe Jerusalems persönlich entgegengenommen. Ein Zweck dieser Legende war es, einen prominenten Zeugen für die Lokalisierung von *isrā'* und *miʿrāǧ* auf dem Tempelplatz zu finden. Diese Rolle fiel in Vertretung Muhammads, der bei der Einnahme Jerusalems ja schon längst tot war, *ʿOmar* zu. Er war, wie schon gesagt, Zeuge gewesen, als Muhammad am Morgen nach der Himmelfahrt den *Quraiš* Jerusalem beschrieben hatte. Nachdem die *ʿOmar*-Legende einmal ans Licht getreten war, was spätestens geschehen sein muß, nachdem *isrā'* und *miʿrāǧ* auf dem Tempelplatz lokalisiert waren, konnte es nicht ausbleiben, daß auch die vorangegangenen Phasen der ideellen Inbesitznahme Jerusalems durch die Muslime von Erzählungen umrankt wurden, in deren Mittelpunkt die Person des Kalifen *ʿOmar* steht: Er wählte den Tempelplatz für den Bau einer Moschee aus, er reinigte den Platz bzw. den hl. Fels, er richtete den *miḥrāb* in der Mitte der Südmauer oder, nach der anderen Version, westlich davon ein, da der *miḥrāb* nach der späteren Konzeption axial zum hl. Fels liegen mußte; er hielt dort die erste *ṣalāt* ab, und konsequenterweise war er es, der die Übergabe Jerusalems persönlich entgegennahm und zu diesem Zweck eigens von Medina anreiste[86].

Nach dem, was oben über die Wanderung von Legenden vom Tempel zur Grabeskirche und umgekehrt gesagt worden ist, kann es nicht verwundern, daß zahlreiche Züge aus diesem Legendenschatz in den Erzählungen von *ʿOmar*s Aktivitäten in Jerusalem verarbeitet sind. Auch er bedient sich, wie Helena, bei der Lokalisierung der hl. Stätten der am Ort ansässigen Autoritäten: einmal ist es der Patriarch Sophronius, dann wieder der Jude *Kaʿb al-Aḥbār,* der ihm bei der Identifizierung des hl. Felsens behilflich ist und als Konvertit zum Islam eine ähnliche Rolle spielt wie in der Cyriakuslegende Judas, der sich zum Christentum bekehrt und mit dem Namen Cyriakus Bischof von Jerusalem wird. Wie das hl. Grab von den Römern, war der hl. Fels von den Christen mit Bedacht verunreinigt worden; das Gegenstück zur Reinigung des hl. Grabes durch Helena und ihre Helferinnen ist die Verunreinigung der *ṣaḫra* durch die griechischen Frauen

86 Dazu meine o. Anm. 56 und 59 genannten Arbeiten.

auf eine Weise, die zu schildern die Feder sich sträubt[87]. Wie Helena persönlich die Reinigung des hl. Grabes vom Schmutz und Schutt des Heidentums in die Hand nimmt und die jüdischen Frauen unter Julian den Schutt am Busen wegtragen, kniet *'Omar* sich in den Staub und sammelt den Schmutz im Bausch seines Gewandes[88]. Nach einer bei *Ṭabarī* überlieferten Version des Vertrages zwischen *'Omar* und den Bewohnern von Jerusalem sollte kein Jude in der Stadt wohnen dürfen[89]. Eine solche Klausel widerspricht dem, was wir über die Verbesserung der Lage der Juden nach der arabischen Eroberung annehmen dürfen[90]; sie ist nichts anderes als ein Element aus der Kreuzauffindungslegende, wo über Helena erzählt wird: „Und als sie dies alles vollbracht hatte, veranstaltete sie zur Stunde eine große Verfolgung gegen das Volk der Juden und befahl, daß sie aus Judäa vertrieben würden."[91]

Der Tempel lebt in der Klagemauer weiter, und *'Omar* hatte einen Nachfolger in Sultan Süleiman dem Prächtigen (1520–66), der den Felsendom restaurieren ließ, die heute noch vorhandene Stadtmauer erbaute und, wie eine jüdische Legende im Anschluß an Psalm 113,7 („Den Geringen hebt Er empor aus dem Staub, aus der Verachtung hebt Er den Armen") erzählt, in ganz Jerusalem nach dem Platz des Tempels (d.h. der Klagemauer), der unbekannt war, suchen ließ. „Eines Tages sah der Mann, der damit beauftragt war, nachdem er lange vergeblich gesucht hatte, eine Frau mit einem Korb voll Unrat und Abfall auf dem Kopf. Er fragte sie: ‚Was trägst du da auf dem Kopf?' Sie antwortete: ‚Unrat.' ‚Und wohin bringst du ihn?' ‚Nach da und da hin.' ‚Wo wohnst du?' ‚In Bethlehem.' ‚Gibt es keinen Abfallhaufen zwischen Jerusalem und Bethlehem?' ‚Es gibt bei uns eine Überlieferung, daß derjenige, der auch nur ein wenig Unrat hierher bringt, eine verdienstvolle Tat vollbringt.' Der Beamte wurde neugierig und be-

87 *Ibn al-Muraǧǧā, Faḍā'il bait al-maqdis* (Anm. 53), fol. 21 b. Die islamische Überlieferung sagt, der Kaiser habe befohlen, den hl. Fels zu reinigen, nachdem er von Muhammad den berühmten Brief mit der Aufforderung, den Islam anzunehmen und sich zu unterwerfen, erhalten hatte, vgl. LE STRANGE, Palestine under the Moslems (Anm. 23), 140. Diese Erzählung soll auch erklären, wie die Muslime nach dem Einzug in Jerusalem den hl. Fels finden konnten und stellt somit eine Variante zu der Erzählung dar, der konvertierte Jude *Ka'b al-Aḥbār* habe als Experte seine Dienste zur Verfügung gestellt.

88 *Ṭabarī, Ta'rīḫ ar-rusul wa'l-mulūk*, ed. J. DE GOEJE (Leiden 1879–1901), I 2409; LE STRANGE, Palestine under the Moslems (Anm. 23), 143.

89 *Ṭabarī, Ta'rīḫ* I 2405. Franz. Übers. von ANTOINE FATTAL, Le statut légal des non-musulmans en pays d'Islam (Beyrouth 1958), 45f. Dort auch andere Versionen des Vertrags und andere Verträge aus der Zeit der Eroberungen.

90 Vgl. JOSHUA STARR, Byzantine Jewry on the eve of the Arab conquest (565–638), JPOS 15 (1935), [280–293] 289f.

91 STRAUBINGER, Kreuzauffindungslegende (Anm. 37), 91. Diese Einzelheit hat ihren historischen Standort letztlich in den Maßnahmen Hadrians nach dem Bar Kochba-Aufstand, als den Juden das Wohnen in Jerusalem verboten wurde.

fahl einer großen Schar von Männern, den Unrat von dem Platz zu entfernen; weiter unten war dieser im Lauf einer langen Zeit zu Staub zerfallen. Da zeigte sich dem Blick die hl. Stätte. Als der Sultan davon hörte, war er hoch erfreut und befahl, die Stätte zu reinigen und zu besprengen und die Klagemauer mit Rosenwasser zu waschen."[92] Aus griechischen Frauen, die den hl. Fels auf unbeschreibliche Weise verunreinigt hatten, sind Frauen aus Bethlehem, Christinnen, geworden, die die Klagemauer zur Mülldeponie gemacht hatten, da der Tempelplatz selbst ihnen nicht mehr zugänglich war. In die gleiche Linie gehört die in Jerusalem oft erzählte Geschichte von der Bedürfnisanstalt, die die Araber nach 1948 an der Klagemauer eingerichtet hätten.

Wir sind am Ende eines langen Weges angelangt. Der Bogen spannt sich von Kaiser Hadrian bis zur Gegenwart. Die von H. DONNER ausgesprochene Vermutung, beide christlichen Legendenkreise, die Grabauffindungslegende bei Eusebius u.a. und die verschiedenen Versionen der Kreuzauffindungslegende hätten auf die Felsauffindungslegende der Muslime eingewirkt, hat sich voll bestätigt[93]. Darüber hinaus ist deutlich geworden, daß Grabeskirche und *Ḥaram aš-šarīf* einerseits Nachfolgebauten des Tempels sind, andererseits aber auch in einem Verhältnis zueinander stehen, das den freien Austausch von Legenden und Überlieferungen ermöglicht hat, so daß die drei Heiligtümer zuweilen zu einem einzigen verschmelzen.

92 Die Erzählung steht bei ZEV VILNAY, Legends of Jerusalem. The Sacred Land: Volume I (Philadelphia 1973), 162f.

93 H. DONNER, Der Felsen und der Tempel (Anm. 66), 11.

FESTKALENDER UND MEMORIALSTÄTTEN JERUSALEMS IN ALTKIRCHLICHER ZEIT

VON GEORG KRETSCHMAR

I.
Die Memorialstätte der Kreuzigung und Auferstehung Christi*

Die Restaurationsarbeiten in der Grabeskirche während der letzten beiden Jahrzehnte haben neue archäologische Untersuchungen ermöglicht, die unser bisheriges Bild von der Geschichte dieser zentralen Christus-Memorialkirche Jerusalems in wichtigen Punkten verschieben und die klassischen Rekonstruktionen des Grundrisses der konstantinischen und nachkonstantinischen Bauten am

* Vorbemerkung: Fortsetzung der ZDPV 87 (1971), 167–205 begonnenen Studien. Die folgenden Untersuchungen habe ich im Winter 1971/72 im Ökumenischen Institut Tantur aufgenommen und dort im Frühjahr 1983 im wesentlichen abgeschlossen. Die fortgehenden archäologischen Untersuchungen und literarische Neuerscheinungen haben immer wieder Anlaß zur Überprüfung, zu Ergänzungen, zu Korrekturen gegeben. Ich hoffe, daß die Geschlossenheit der Darstellung darunter nicht zu stark gelitten hat. Ich danke für manche Hilfe und gute Ratschläge, die ich in diesen Jahren erhalten habe, insbesondere Herrn H. DONNER (Kiel), der eine frühere Fassung einer freundlichen und hilfreichen Kritik unterzogen hat, und Herrn J. WILKINSON (Jerusalem) für wichtige Anregungen.

Folgende neuen Editionen, Übersetzungen und Kommentare zu den hauptsächlich herangezogenen Texten, bzw. neuere Texte sind mir bekanntgeworden:

J. WILKINSON, Jerusalem Pilgrims before the Crusades (Warminster 1977). In Anm. kommentierte engl. Übers. der wichtigsten, auch relativ unbekannter Pilgerberichte (z. T. in Auszügen) bis Rodulf Glaber mit vielen Karten und einem alle wesentlichen Angaben zusammenfassenden Ortsregister („Gazetteer").

H. DONNER, Pilgerfahrt ins Heilige Land. Die ältesten Berichte christlicher Palästinapilger (4.–7. Jahrhundert) (Stuttgart 1979). Dt. Übers. der Pilgerberichte bis Arkulf/Adomnanus; die Anm. sind ein ausführlicher Kommentar unter Verweis auf den Stand archäologischer Identifizierungen und die einschlägige Lit.

Egeria: J. WILKINSON, Egerias Travels. Newly Transl. With Supporting Documents and Notes (London 1971); Égérie, Journal de Voyage (Itinéraire). Introd., texte crit., trad., notes, index et cartes par P. MARAVAL; Valerius du Bierzo, Lettre sur la b^{se} Égérie. Introd., texte et trad. par M. C. DÍAZ Y DÍAZ (SC 296) (Paris 1982). Diese Neuausgabe tritt in den „Sources Chrétiennes" an die Stelle der Arbeit von HÉLÈNE PÉTRÉ (1948); bes. wichtig S. 56–117 über den verlorenen und teilweise wohl mit Hilfe des Petrus Diaconus rekonstruierbaren Teil des Reiseberichtes bzw. der Reise. WILKINSON und MARAVAL verarbeiten bereits die – ihnen jeweils bekannten – Ergebnisse der archäologischen Untersuchungen.

Pilger von Plaisance: CELESTINA MILANI, Itinerarium Antonini Placentini. Un viaggio in Terra Santa nel 560/570 d. C. (Vita e Pensiero. Pubbl. della Univ. Catt. del Santo Cruore; Milano 1977). Vgl. die Rez. von J. H. WASZINK in VC 35, 1981, 440–444.

Armenisches Lektionar: Le Codex Arménien Jérusalem 121, ed. par A. RENOUX, vol. I (1969), vol. II (1971) (PO XXXV, 1 N° 163 und PO XXXVI, 2 N° 168).

Euseb von Emesa: Zu einer Serie von vier in der Jahrhundertmitte in Jerusalem gehaltenen Predigten vgl. H. J. LEHMANN, Per Piscatores. Studies in the Armenian Version of a Collection of Homilies by Eusebius of Emesa and Severian of Gabala (Århus 1975), 369-392; der Text ist ed. von N. AKINIAN, Die Reden des Bischofs Eusebius von Emesa, in: Handes Amsorya 70 (1956); 73 (1959); die lat. Übersetzung einer gekürzten Fassung der Passions-Homilie bei E.M. BUYTAERT, L'héritage littéraire d'Eusèbe d'Emèse (Bibl. du Muséon 24; Louvain 1949), 79*-88*. Eine Beschreibung der Homilien (III-VI) gibt LEHMANN, Per Piscatores, 103-254. Sie handeln von der Taufe Jesu, der Versuchung, Passion und Auferstehung. LEHMANN bringt einleuchtende Argumente, daß sie in den Rahmen der Katechesen für die Taufbewerber in der Fastenzeit gehören, Euseb wäre dann als Gastprediger um Mitwirkung gebeten worden. Jedenfalls beziehen sie bewußt Lokalkolorit ein. Eine vollständige Auswertung in topographischer Hinsicht ist mir nicht möglich, da ich mich auf das Armenische nicht verstehe. Offenbar lag es aber in Jerusalem immer nahe, sich auf Memorialstätten des Weges Jesu Christi zu beziehen.

Johannes (II.) von Jerusalem: M. VAN ESBROECK, Une homélie sur l'Église attribuée à Jean de Jérusalem, Muséon 86 (1973), 283-304 (Einweihung der Zionskirche?).

Hesychios von Jerusalem: Eine kritische Edition der liturgiegeschichtlich und auch für topographische Fragen so wichtigen Predigten des bedeutenden Jerusalemer Presbyters vor und nach dem Konzil von Ephesus 431 hat jetzt M. AUBINEAU vorgelegt: Hésychius de Jérusalem, Les Homélies Festales, vol. I. Les Homélies I-XV; vol. II. Les Homélies XVI-XXI (Subs. Hag.; Bruxelles 1978/80). Die beiden zuvor bereits edierten Osterhomilien sind in die neue Sammlung aufgenommen: Hésychius de Jérusalem, Basile de Séleucie, Jean de Béryte, ps.-Chrysostome, Léonce de Constantinople, Homélies Pascales, ed. etc. par M. AUBINEAU (SC 187; Paris 1972), 35-166. Inzwischen erschien: M. AUBINEAU, Index verborum Homiliarum festalium Hesychii Hierosolymitani (Hildesheim-Zürich-New York 1983). - Eine weitere wichtige Neuedition aus dem noch längst nicht erschlossenen exegetischen Werk dieses Jerusalemers: Hésychius de Jérusalem. Homélies sur Job. Vers. arménienne. Édit., intr. et notes par CH. RENOUX, trad. par CH. MERCIER (†) et CH. RENOUX. I: Homélies I-XI; II: Homélies XII-XXIV (PO 42, 1 u. 2. = Nr. 190 u. 191; Turnhout 1983); Abkürzungsverzeichnis und Einleitung geben Hinweise auf weitere in Zeitschriften edierte Predigten.

Sophronios von Jerusalem: H. DONNER, Die anakreontischen Gedichte Nr. 19 und Nr. 20 des Patriarchen Sophronios von Jerusalem (SbHAW 1981/10; Heidelberg 1981).

Zur topographischen Situation und den Kirchenbauten im byzantinischen Jerusalem ist jetzt weiter zu verweisen auf:

Jerusalem Revealed. Archeology in the Holy City 1968-1974 (= Articles adopted from Qadmonioth, ed. Y. YADIN) (The Israel Exploration Society; Jerusalem 1975).

M. AVI-YONAH, Art. Jerusalem, in: Encyclopedia of Archeological Excavations in the Holy Land, Vol. II (Jerusalem 1976), 599-627.

ELINOR A. MOORE, The Ancient Churches of Jerusalem. The Evidence of the Pilgrims (Beirut 1961).

J. WILKINSON, Christian Pilgrims in Jerusalem During the Byzantine Period (Engl. Vers.), PEQ 108 (1976), 75-101.

E.D. HUNT, Holy Land Pilgrimage in the Later Roman Empire AD 312-460 (Oxford 1982; Paperback Oxford 1984).

Weiter wird auf die vorzügliche, kurz kommentierte Bibliographie von CH. RENOUX hingewiesen: Hierosolymitana I-II, in: Éléona, ed. Les Amis de L'Éléona (Toulouse 1974/79) (die kleine Zeitschrift hat inzwischen zu erscheinen aufgehört); vgl. jetzt ALW 23 (1981), 1-29. 149-175. Für die Kreuzfahrerzeit vgl. jetzt in dem großen Werk: A History of the Crusades, ed. K.M. SETTON. (University of Wisconsin Press, 2nd ed. 1969ff.) den Band IV: The Art and Architecture of the Crusader States (1977).

Heiligen Grabe überholt erscheinen lassen[1]. Entsprechend den Besitzverhältnissen in dieser Kirche war dazu ein Übereinkommen der griechischen, lateinischen und armenischen Seite notwendig. Über die wichtigsten Ergebnisse hat zusammenfassend 1972/74 zuerst P. CHARLES COÜASNON OP, der 1977 verstorbene lateinische Architekt berichtet[2]. CHRISTOS KATSIMBINIS, der griechische Architekt, informierte 1977 über das Resultat der archäologischen Untersuchung der Ostseite des Golgota-Felsens[3]. Nun, 1981/82 hat auch P. VIRGILIO C. CORBO OFM, der die Grabungen im den Lateinern gehörenden Bereich der Kirche geleitet hatte, eine umfassende Darstellung mit vielen Plänen und Fotos vorgelegt[4]. Diese veränderte Situation rechtfertigt ein neues Studium der

1 Ziel dieser Restauration ist es, die Grabeskirche wieder in den Zustand vor dem großen Brand 1808 zu versetzen. Die Pläne hierfür wurden 1959 von A.K. ORLANDOS, J. TROUVELOT und E. UTUDJIAN ausgearbeitet; die verantwortlichen Architekten der drei beteiligten Konfessionen waren zuerst A.K. ORLANDOS, später gefolgt von anderen Herren, MSGR. J. TROUVELOT und E. UTUDJIAN; zum gemeinsamen technischen Büro gehörten L. KOLLAS, nach ihm A. EKONOMOPUOLOS, CH. COÜASNON OP und D. VOSKERITCHIAN. Die Ausgrabungen im lateinischen Bereich leitete V. CORBO OFM. Neben anderen Herren, die mich je durch ihren Bereich führten, bin ich insbesondere P. CH. COÜASNON (gest. 12. 11. 1977) zu großem Dank verpflichtet, daß er sich Anfang 1972 viel Zeit nahm, um mir die Bedeutung der neuen Erkenntnisse an Ort und Stelle zu erläutern. Einen sehr knappen Überblick über die älteren Rekonstruktionsversuche gibt CH. COÜASNON in der Einleitung zu dem in der folgenden Anm. genannten Werk; vor allem ist hier natürlich auf die weiterhin fundamentale Darstellung von H. VINCENT und F.-M. ABEL (beide Dominikaner aus der Ecole Biblique in Jerusalem wie CH. COÜASNON) zu verweisen: Jérusalem. Recherches de topographie, d'archéologie et d'histoire, II. Jérusalem nouvelle. Fasc. I-II (Paris 1914); an älteren Arbeiten ist daneben wohl noch zu nennen K. SCHMALTZ, Mater Ecclesiarum. Die Grabeskirche in Jerusalem. Studien zur Geschichte der christlichen Kunst in Antike und Mittelalter (Straßburg 1918).

2 Erste Ergebnisse hatte er bereits in einem Kongreßband vorgelegt: Analyse des éléments du IVe siècle conservés dans la Basilique du S. Sepulcre à Jérusalem, in: Akten des VII. Intern. Kongr. f. Christliche Archäologie, Trier 5.–11. Sept. 1965 (Studi di Anticità Cristiana XXVII; Città del Vaticano und Berlin 1969), 448–463, pl. CCXV–CCXXII (zit. als „Analyse"); eine glänzende Zusammenfassung und Gesamtdarstellung erschien in engl. Sprache: The Church of the Holy Sepulchre Jerusalem (The Schweich Lectures 1972; London 1974) (zit. als COÜASNON).

3 CHR. KATSIMBINIS, The Uncovering of the Eastern Side of the Hill of Calvary and its Base New Lay-out of the Area of the Canons' Refectory by the Greek Orthodox Patriarchate, Liber Annuus 27 (1977), 197–208, mit Zeichnungen und Tafeln. Die Pläne für diese Untersuchungen stammten von A. MALLIOS, 1970/73 leitete die Untersuchungen A. EKONOMOPOULOS, dann CHR. KATSIMBINIS. Die Grabungen direkt am Golgotafelsen wurden P.F. DIEZ OFM übertragen, von dem auch S. 205–207 des genannten Berichtes stammen. Diese erste Information ist nicht immer leicht zu verstehen, weil nicht alle im Text verwendeten Sigel auch auf den so wichtigen Grundriß- und Aufrißzeichnungen wiederkehren und die zeitlichen Ansätze von F. DIEZ noch sehr vage sind.

4 V. CORBO hatte in den Jahren 1962–1969 regelmäßig im Liber Annuus über den Stand der Untersuchungen berichtet und seine Kritik an der Darstellung von P. COÜASNON bereits 1979 vorgetragen: Probleme sul Santo Sepolcro di Gerusalemme in una recente publicatione, Liber Annuus 29 (1979), 279–292. Die dort angekündigte eigene Auswertung liegt nun vor: V.C. CORBO, Il Santo Sepolcro di Gerusalemme. Aspetti archeologici dalle origini al periodo crociato, vol. I Testo (Jerusalem 1982), II Tavole (1981) III Documentazione fotografico ... (1981) (= Stud. Biblicum

Memorialstätten der Grabeskirche; es ist auch möglich. Denn zwar interpretieren Ch. COÜASNON und V. CORBO die neuen Funde bisweilen sehr unterschiedlich[5]; die Sondierungen am Golgota-Felsen haben gleichfalls bereits verschiedene Ausdeutungen erfahren[6]. Aber auch ohne in diesen gelehrten Streit in aller Breite einzutreten, lassen sich doch bestimmte neue Einsichten gewinnen.

Franciscanum, coll. maior 29). Die Bände selbst nennen neben dem Datum des Imprimatur (März 1981) und des Vorwortes zu Bd. I (Ostern 1982) kein Erscheinungsjahr. Geschlossen ist das beeindruckende Werk erst Ende 1982 ausgeliefert worden, was hier deshalb angemerkt wird, weil die folgenden Untersuchungen an sich bereits abgeschlossen waren, als mir die erwartete so bedeutsame Arbeit von P. CORBO in die Hände kam. Ich habe seine Sicht noch einzuarbeiten versucht und an den für die hier entwickelte Fragestellung wichtigsten Stellen auch diskutiert.

5 Das hohe Maß an Übereinstimmung gegenüber älteren Rekonstruktionen in den nun gewonnenen Ausgangsdaten zeigt ein Vergleich zwischen COÜASNON, Pl. XI und CORBO, II, Tav. 1. Die allerdings höchst gewichtigen Differenzen liegen darin, daß CORBO (1.) das Recht der archäologischen Argumentation für COÜASNON's Rekonstruktion eines Stadiums der Bauarbeiten in der Mitte des 4. Jh.s bestreitet, als das Grab noch im Westen des Hofes frei gestanden hätte (vgl. COÜASNON, Pl. VII); für CORBO ist das Gesamtkonzept Konstantins, einschließlich der Rotunde, noch zu Lebzeiten des Kaisers vollendet worden; weiter (2.) rekonstruiert CORBO diese Rotunde anders als COÜASNON; dann steht CORBO (3.) der gewaltigen Anlage skeptisch gegenüber, die COÜASNON mit vielen Nebengebäuden rings um Basilika, Hof und Rotunde gezeichnet hat (vgl. Pl. VIII), er bezieht das allein im Nordwesten erhaltene, z.T. noch heute hoch aufstehende Mauerwerk sehr einleuchtend auf das Patriarchium, das einen Nord- und einen West-Flügel gehabt habe, deren Geschichte sich bis in die Kreuzfahrerzeit verfolgen läßt (vgl. II, Tav. 1, 59–60); schließlich (4.) sucht CORBO das ursprüngliche Baptisterium im Nordwesten, in dem durch die Flügel des Patriarchiums gebildeten Hof, wo sich heute noch eine alte Zisterne befindet; diese Möglichkeit hatte auch COÜASNON erwogen, sich dann aber für den traditionellen Standort im Süden der Rotunde entschieden. Im ganzen tritt bei einem Vergleich heraus, daß COÜASNON unbefangener rekonstruiert und dabei jede im Grundriß noch freie Fläche mit Gebäuden füllt, während CORBO bewußt Lücken läßt, wenn in diesem Areal keine archäologischen Sondierungen möglich waren. Dies für den Leser hilfreiche Verfahren bringt es allerdings mit sich, daß CORBO auch darauf verzichtet, den mutmaßlichen Standort von literarisch eindeutig nachgewiesenen Elementen, z.B. Treppen, anzugeben, wenn er keine Anhaltspunkte im archäologischen Befund entdecken konnte. Vgl. dazu Abb. 2. Abb. 3a ist der Plan, anhand dessen P. COÜASNON mir 1972 den Befund erläuterte; Abb. 3b entspricht pl. VIII der Veröff. von 1974. Ich danke P. D. Pierre BENOIT OP von der École Biblique für die freundliche Vermittlung beider Pläne und die Genehmigung zum Abdruck, ebenfalls der British Academy für die Reproduktionsgenehmigung. Ferner habe ich P. TOMISLAV Vuk OFM vom Studium Biblicum Franciscanum für die Erlaubnis zu danken, Tav. 3. des Werkes von P. CORBO zu reproduzieren.

6 Eine erste Auswertung des von KATSIMBINIS und DIEZ vorgelegten Befundes mit weitgehenden Schlüssen trugen B. BAGATTI und E. TESTA vor: Il Golgota e la Croce (Stud. Biblicum Franciscanum, coll. minor 21; Jerusalem 1978). CORBO hat diese Deutung seiner franziskanischen Ordensbrüder kritisiert und abgelehnt (I, 100f.). Diese Fragestellung ist für uns so wichtig, daß auf die Kontroverse zurückzukommen ist.

1. Die zwei Basiliken

Die heutige Grabeskirche ist als Gesamtanlage bekanntlich ein Werk der Kreuzfahrerzeit. Die neuen Sondierungen haben aber nun gezeigt, daß in ihr viel mehr auch an hochstehendem Mauerwerk auf das 4. Jahrhundert zurückgeht, als man bisher für möglich gehalten hat; vor allem gilt das für die Rotunde über dem hl. Grab und den nördlich von ihr gelegenen Bereich. Die Zerstörungen durch die Perser im 7. Jahrhundert und unter Ḥākim am Anfang des 11. Jahrhunderts waren also weniger eingreifend, als immer vorausgesetzt worden war, jedenfalls in diesem Teil der Anlage[7]. Doch für uns sind zwei andere Beobachtungen zunächst wichtiger: Die Achse der konstantinischen Basilika lief nicht direkt auf das Grabmonument im Hof westlich der Apsis und später unter der Rotunde zu, dafür war der Golgota-Felsen fest an den Konstantinsbau angebunden. Das – von der Apsis aus gezählt – erste Südschiff der im ganzen 5-schiffigen Basilika führte ganau auf den Felsen zu; man muß fragen, ob er nicht mit seiner Ostseite in die Kirche südlich der Apsis noch hineingereicht hat[8].

Damit werden nun manche Angaben der nordspanischen Pilgerin Egeria – oder Ätheria – erst verständlich, die 383 in Jerusalem weilte. In dem ausführlichen Erlebnisbericht an ihre Klosterschwestern erwähnt sie einen Platz „hinter dem Kreuz" (*post Crucem*). Dies kann nur der genannte westliche Abschluß des Südschiffes sein, ob in ihm noch ein Stück des Golgota-Gesteins sichtbar war oder nicht. Man zögert, ihn eine eigene Kapelle zu nennen. Denn zwar wurde damals hier, hinter dem Kreuzesfelsen, am Gründonnerstag nachmittags ein Kommunionsgottesdienst gehalten, unmittelbar im Anschluß an die Eucharistiefeier im Hauptschiff der Kirche[9]; eine Altarmensa mag hier also gestanden haben. Am Karfreitag sammelten sich hier vormittags die in Jerusalem anwesen-

7 Zu diesen Zerstörungen vgl. einerseits die Textausgabe von G. Garitte, La prise de Jérusalem par les Perses en 614 (CSCO 202/203, script. Iberici t. 11, texte et trad. lat.; Louvain 1960), andererseits die interessante Arbeit von M. Canard, La destruction de l'Église de la Résurrection par le Calife Ḥākim et l'histoire de la descente du feu sacré, Byzantion 35 (1965), 16–43. Danach berichtet eine arabische Quelle, daß der Betrug der Christen beim Heiligen Feuer in der Osternacht – es wurde durch einen kunstvollen Mechanismus gezündet und fiel nicht vom Himmel – den Kalifen so erbost hätte, daß er die Zerstörung der Grabeskirche befahl.

8 Vgl. hierzu S. 50ff. Die hier gewählten vorsichtigen Formulierungen bedürfen einer Präzisierung. Aber für das Verständnis der Aussagen Egerias ist es letztlich unerheblich, ob in dem Raum *post Crucem* ein Stück des Golgota-Felsens sichtbar war oder nicht.

9 Itin. Egeriae 35,2: *Facta ergo missa Martyrii uenitur post Crucem, dicitur ibi unus ymnus tantum, fit oratio et offeret episcopus ibi oblationem et communicant omnes. Excepta enim ipsa die una, per totum annum nunquam offeritur post Crucem nisi ipsa die tantum* (p. 79, 11–15 ed. Franceschini-Weber in CChL 175; p. 85,29–86,2 ed. Geyer in CSCL 39).

den Christen zur Kreuzanbetung[10]. Dafür mußten dann aber 383 eine Kathedra für den Bischof und ein mit einem Tuch bedeckter Tisch für die Reliquien erst bereitgestellt werden: das Kreuzesholz und der Kreuz-Titulus, die normalerweise in kostbaren Behältern aufbewahrt wurden. Einbezogen in die Zeremonie waren damals, nach den Angaben Egerias, auch das „Horn, aus dem die Könige Israels gesalbt wurden" und ein Ring Salomos, mit dem er Dämonen beschworen habe[11]. Was es auch mit diesen Gegenständen der Verehrung auf sich haben mag, im 4. Jahrhundert war der Raum kaum in bemerkenswerter Weise ausgestattet oder von der übrigen Basilika abgehoben. Als Ausstattungsstücke erwähnt Egeria nur die üblichen großen gläsernen Lampen und Kerzenständer[12]. Um so besser läßt es sich verstehen, daß die Pilgerin den ganzen Bau, den Konstantin

10 37,1 f.: *Et sic ponitur cathedra episcopo in Golgotha post Crucem, quae stat nunc; residet episcopus in cathedra; ponitur ante eum mensa sublinteata; stant in giro mensa diacones et affertur loculus argenteus deauratus, in quo est lignum sanctum crucis, aperitur et profertur, ponitur in mensa tam lignum crucis quam titulus. ... consuetudo est ut unus et unus omnis populus ueniens, tam fideles quam cathecumini, acclinantes se ad mensam, osculentur sanctum lignum et pertranseant* ... (p. 80,5–81,16 ed. FRANCESCHINI-WEBER; p. 88,5–10 ed. GEYER).

11 Mehr dazu S. 100 f.

12 24,7: *Et postmodum de Anastasim usque ad Crucem cum ymnis ducitur episcopus, simul et omnis populus uadet. ... Et post hoc denuo tam episcopus quam omnis turba uadent denuo post Crucem et ibi denuo similiter fit sicuti et ante Crucem. Et similiter ad manum episcopo acceditur sicut ad Anastasim, ita et ante Crucem, ita et post Crucem. Candelae autem uitreae ingentes ubique plurimae pendent et cereofala plurima sunt tam ante Anastasim quam etiam ante Crucem, sed et post Crucem. Finiuntur ergo haec omnia cum crebris* (p. 68,50–69,61 ed. FRANCESCHINI-WEBER; p. 73, 1–8 ed. GEYER). Es handelt sich um die Schilderung des täglichen Lucernariums, deshalb erwähnt die Pilgerin in diesem Zusammenhang die Lampen. Die Schlußprozession führte also vom Hl. Grab durch das Portal und die Säulen des der Rotunde vorgelagerten Peristyls über den Hof zur Westseite des Golgotafelsens, dann – wie noch zu erörtern sein wird – über eine Treppe südlich von Golgota oder weiter nördlich, dicht bei der Apsis, in das Innere der Konstantins-Basilika zur Ostseite des Felsens. P. COÜASNON hat bezweifelt, daß der offenbar schmale Raum „hinter dem Kreuz" in dem sich zunächst anbietenden Sinn des Wortes für die Gottesdienste an Gründonnerstag und Karfreitag ausgereicht haben könne. Deshalb sucht er die Kapelle *post Crucem* südlich des Felsens und rekonstruiert sie mit der Ostapsis, um so der Angabe Arkulfs um 680 von einer *pergrandis eclesia orientem uersus in illo fabricata loco qui Ebraicae Golgotha uocitur* (Adamnanus, de loc. s. I 5, p. 190, 3 f. ed. BIELER in CChL 175; p. 233, 6 f. ed. GEYER) zu entsprechen. Aber diese Kirche Arkulfs kann trotz des *pergrandis* doch nur die Adamskapelle sein, da im weiteren ausdrücklich ausgeführt wird, daß in ihr eine Höhlung (*spelunca*) im Fels unterhalb der Stelle sei, an der das Kreuz gestanden habe. P. COÜASNON rekonstruiert entsprechend über den beiden Fundamentmauern ostwärts des Golgotafelsens am Abschluß des 1. Südschiffes eine Art Durchgang vom Mittelschiff vor der Apsis zu den an Ende des 2. Südschiffes vermuteten Treppen in den Hof im Westen. Ebensogut und m. E. überzeugender kann hier die Altarmensa, etwa unter einem Ciborium, gestanden haben. Man wird sich die Christengemeinde Jerusalems im 4. Jh. noch nicht allzu groß vorzustellen haben; im 5. Jh. werden die Gottesdienste von dieser Stelle dann auch an die Westseite des Felsens verlegt. Auch CORBO kommt ohne die Rekonstruktion einer derartigen eigenen Kreuz-Kirche aus, die Probleme des Bereiches *post Crucem* werden bei ihm nur sehr kurz erörtert (I, 109 f.).

hatte errichten lassen, als „Kirche auf Golgota hinter dem Kreuz" bezeichnet, einmal spricht sie sogar einfach von der „Kreuzkirche"[13]. Und auch den zumeist gebrauchten Namen dieser Basilika, *martyrium,* leitet sie aus dieser Verbindung mit Golgota ab, der Stätte des Sterbens Christi: *Propterea autem Martyrium appellatur, quia in Golgotha est, id est post Crucem, ubi Dominus passus est, et ideo Martyrio*[14]. Dieser Sprachgebrauch Egerias setzt allerdings auch voraus, daß zur Zeit ihrer Pilgerreise die mächtige Kuppel über der Grabesädicula bereits vollendet war. Sie betrachtet die Anastasis als eine eigene Kirche[15]. Dies war damals offenbar die offizielle Sprachregelung in Jerusalem, jedenfalls nennt auch das Armenische Lektionar, das uns die Gottesdienstordnung der Heiligen Stadt am Anfang des 5. Jahrhunderts überliefert, für das achttägige Enkainien-Fest vom 13.–21. September nur Anastasis und Martyrium[16]. Am zweiten Tag in der Martyriumsbasilika wird auch die Reliquie des heiligen Kreuzes ausgestellt. Das ist eine Bestätigung dessen, was wir schon bei Egeria gefunden haben: die eine die-

13 25,1: ... *proceditur in ecclesia maiore, quam fecit Constantinus, quae ecclesia in Golgotha est post Crucem* (p. 70, 1–3 ed. FRANCESCHINI-WEBER; p. 74, 17–19 ed. GEYER); 25,6: *Et cum toto anno semper dominica die in ecclesia maiore procedatur, id est quae in Golgotha est, id est post Crucem, quam fecit Constantinus* ... (p. 71, 33–35 ed. FRANCESCHINI-WEBER; p. 75, 20–22 ed. GEYER); 27,3: ... *in ecclesia maiore, quae est in Golgotha post Crucem* (p. 73, 18–20 ed. FRANCESCHINI-WEBER; p. 78, 18–20 ed. GEYER). Vgl. 25,8: *Qui autem ornatus sit illa die* (an Epiphanias) *ecclesiae uel Anastasis aut Crucis aut in Bethleem, superfluum fuit scribi* (p. 71, 52–54 ed. FRANCESCHINI-WEBER; p. 76, 9–11 ed. GEYER).

14 30,1 (p. 76, 6–8 ed. FRANCESCHINI-WEBER; p. 83, 2–4 ed. GEYER). Zum Sprachgebrauch Egerias vgl. im übrigen G.F.M. VERMEER, Observations sur le vocabulaire du pélerinage chez Egérie et chez Antonin de Plaisance (Latinitas Christianorum Primaeva 19; Nijmegen-Utrecht 1965), 101–106. Der Verf. weist mit Recht darauf hin, daß die Pilgerin das „Martyrium" nie „Basilika" nennt – auch für den Pilger von Bordeaux 333 war *basilica* ein Fremdwort, das er durch *id est dominicum* erläutert (p. 17 ed. GEYER-CUNTZ in CChL 175; p. 23, 2 ed. GEYER) –; für die ihr geläufige Bezeichnung dieses Baus als *ecclesia maior* wäre der Hinweis von A. BAUMSTARK aufzugreifen, daß καθολικὴ ἐκκλησία eine „im griechisch redenden Osten feststehende Bezeichnung für die bischöfliche Kathedrale" wurde (Die Modestianischen und Konstantinischen Bauten am Heiligen Grabe zu Jerusalem [Studien zur Geschichte und Kultur des Altertums 7,3/4; Paderborn 1915], 12, mit Belegen für Jerusalem aus dem Georgischen Lektionar und einem arm. Pilgerbericht des 7. Jh.s). Dieser Name lebt faktisch im heutigen „Katholikon" der Griechen fort.

15 Am deutlichsten wird das bei der Schilderung des Jerusalemer Kirchweihfestes 48,1: *Item dies enceniarum appellantur quando sancta ecclesia, quae in Golgotha est, quam Martyrium uocant, consecrata est Deo; sed et sancta ecclesia, quae est ad Anastase, id est in eo loco ubi Dominus resurrexit post passionem, ea die et ipsa consecrata est Deo* (p. 89, 1–5 ed. FRANCESCHINI-WEBER; p. 100, 1–5 ed. GEYER). Der Ausdruck *basilica Anastasis* fällt auch c. 24, (8.)10; 25, 2.

16 Nr. LXVII und LXVIII (p. 223ff. übers. RENOUX); vgl. A. RENOUX, La croix dans le rite arménien. Histoire et symbolism, Melto. Recherches Orientales 5 (1969), 123–175.

ser Kirchen, das Martyrium, ist die Memorialstätte der Passion, die andere, die Rotunde, die der Auferstehung Christi[17].

Von der Hauptstraße, von Osten her gesehen könnte man sagen, daß diese beiden Basiliken hintereinander lagen, durch den von überdachten Säulenhallen umgebenen Hof voneinander getrennt, ein offenes Atrium, das sich vom Apsisraum des heutigen griechischen Katholikons bis zu etwa dessen Westabschluß erstreckte. Die Kuppel der Auferstehungskirche muß das Dach der Kreuzbasilika weit überragt haben, die Fassade des Kuppelbaus konnte in dem ihr vorgelagerten Hof kaum voll zur Geltung kommen[18]. Diese Steigerung mag Rückschlüsse auf die architektonische und theologische Gesamtkonzeption erlauben. Aber die unmittelbare Erfahrung der Pilger war doch anders. Sie sahen die beiden Basiliken einander gegenüberliegend zu beiden Seiten des Hofes. So unterscheidet Johannes Rufus, der Biograph Petrus' des Iberers, die Kirche „des heilbringenden und anbetungswürdigen Kreuzes" und diejenige „der heiligen Auferstehung" noch wie Egeria. Aber bei ihm wird auch deutlich, daß der Hauptzugang zu den Memorialstätten damals im 5. Jahrhundert im Südwesten des ganzen Komplexes lag, offenbar an derselben Stelle wie heute. Denn er schreibt nun von der Ankunft des Petrus und seiner Begleiter in Jerusalem, daß sie nicht rasteten, „bis sie innerhalb der heiligen Mauern waren und die Basis des geehrten Kreuzes selbst - ich meine das hl. Golgatha - und der heiligen Auferstehungskirche umarmten"[19].

Darin wird bereits erkennbar, wie die Entwicklung über die Situation hinausgeführt hat, die Egeria antraf. Auch spätere Pilger berichten noch, daß Marty-

17 Einmal scheint Egeria sogar ausdrücklich vom *martyrium speluncae* zu sprechen, c. 25,3 (p. 70, 17 ed. FRANCESCHINI-WEBER); frühere Editoren haben das Wort *martyrium* gestrichen oder sonst geändert, vgl. den App. in CChL 175, aber es ist durchaus möglich, daß die Pilgerin hier *martyrium* als technischen Ausdruck für Memorialbau verwendet; so jetzt auch P. MARAVAL z. St, vgl. S. 247 n. 2 seiner Ausgabe.

18 P. COÜASNONS Rekonstruktion dieser Fassade in Analyse (vgl. Anm. 2) fig. 12 (pl. CCXXI) mag zu Einwänden Anlaß geben. P. CORBO rechnet auch mit einer anderen Höhe der Säulen im konstantinischen Bau. Aber die Kuppelhöhe liegt fest, stehen doch die Außenmauern der Rotunde noch heute bis zu einer Höhe von 11,30 m im Mauerwerk des 4. Jh.s. Die Frage, ob die inneren Säulen 7,15 m hoch anstanden (so COÜASNON, 26-36), oder ob aus dem hadrianischen Capitoleum übernommene Säulen dieser Länge für die Wiederverwendung in diesem Bauwerk geteilt worden waren und deshalb schon für die konstantinische Rotunde zwei Geschosse anzusetzen sind (so CORBO I [Anm. 4], 68-75), ist für unsere Überlegungen ohne Bedeutung.

19 R. RAABE, Petrus der Iberer. Ein Charakterbild zur Kirchen- und Sittengeschichte des fünften Jahrhunderts (Leipzig 1885), 32. Zur Datierung vgl. jetzt P. DEVOS S.J., Quand Pierre l'Ibéren vint-il à Jérusalem? Analecta Bollandiana 86 (1968), 337-350.

rium und Golgota ein zusammenhängendes Bauwerk sind[20], aber generell wird nun die Westseite des Felsens, die vom offenen Hof zwischen Anastasis und Martyrium aus zugänglich war, als eigene Memorialstätte empfunden. Schon Egeria läßt erkennen, daß dieser Ort *ante Crucem* oder *ad Crucem* bei den täglichen Gebetsgottesdiensten und bei den Prozessionen eine wichtige Rolle spielt. Im Armenischen Lektionar sind bereits die Gottesdienste, die Egeria *post Crucem* lokalisiert, aus dem Martyrium heraus an die Westseite des Felsens verlegt; an dieser Stelle, also *ante Crucem* haftet jetzt auch der Name Golgota. Das gilt gleichfalls für die Kreuzanbetung am Karfreitag[21]. Der Grund hierfür war kaum allein, daß der Platz im Südschiff der Konstantinsbasilika nicht mehr ausreichte.

Man muß sich zum Verständnis dieser Entwicklung die topographische Situation vergegenwärtigen: Die Grabrotunde lag tiefer als das Martyrium. Man stieg zu ihr und dem Atrium zwischen Grab, Martyrium und der Westseite des Golgotafelsens auf Stufen herab. Als das Grabmonument freigehauen wurde, scheuten die Baumeister Konstantins anscheinend die Mühe, das gesamte Plateau östlich von ihm auf das gleiche Niveau abzutragen, oder man wollte den Zugang zur ganzen Anlage im Westen, vom Cardo Maximus der Stadt Hadrians her, monumentaler gestalten - genauer wohl, die vorhandenen Stufenzugänge zum Forum voll mit einbeziehen[22]. Ein weiterer möglicher Grund ist noch später zu nennen. Aber dies alles bleiben Vermutungen, weil wir weder die genaue Oberflächengestalt vor den Planierungsarbeiten unter Hadrian kennen noch die wirkliche Niveauhöhe des römischen Forums. Aber es bleibt eine plausible Vermutung, daß zwischen dem vermutlich sehr unregelmäßigen Steinbruchsgelände westlich des späteren Cardo und dem Hügel noch weiter im Westen, in den die Felsgräber eingehauen waren, eine Senke lag, die dann unter Hadrian aufgefüllt

20 Adomnanus von Iona, der die Berichte Arkulfs von ca. 670 aufgezeichnet hat (I 6,1): *Huic eclesiae in loco Caluariae quadrangulata fabricatae structura lapidea illa uicina orientali in parte coheret basilica magno cultu a rege Constantino constructa, quae et martirium appellatur* (p. 190, 5-8 ed. BIELER; p. 233, 20-234, 2 ed. GEYER).

21 XXXIX: „Et ensuite le sacrifice est offert dans le Saint-Martyrium et devant la Sainte-Croix (so Mss JP; Ms E hat stattdessen: devant le Saint-Golgotha)" (p. 269 übers. RENOUX). Zu dieser doppelten Darbringung vgl. S. 79f. Zu Karfreitag heißt es XLIII: «Le matin du vendredi, le précieux bois de la croix est placé devant le Saint-Golgotha. Et ceux qui sont assemblés adorent; on fait l'adoration jusqua'à la sixième heure» (p. 281 übers. RENOUX). Von den Salomo-Reliquien ist jetzt übrigens nicht mehr die Rede. Alle Erwähnungen vom Hl. Golgota in Arm meinen jetzt offenbar die Westseite; auch St. Golgota als Ort des Stationsgottesdienstes am 7. Epiphaniastag, VIII (p. 83 übers. RENOUX) meint doch wohl keinen anderen Platz (etwas unklar RENOUX S. 193). Der Ort, den Egeria *post Crucem* nannte, ist offenbar für Gottesdienste aufgegeben.

22 Sie sind ja zum Teil noch erhalten und im russ. Alexander-Hospiz wie in dem daneben liegenden Laden eines Zuckerbäckers zu sehen, vgl. COÜASNON, 44-46; CORBO I (Anm. 4), 115-117.

wurde; weiter daß die Architekten Konstantins die Basilika etwa auf dem Niveau des Forums errichtet haben[23]. Daß ein Höhenunterschied zwischen Basilika und westlichem Säulenhof bestand, ergibt sich eindeutig aus den Pilgerberichten[24]. Noch das Jerusalemer Typikon aus dem Jahre 1122, das aber auf die Gottesdienstordnung des 10. Jahrhunderts zurückgeht, setzt voraus, daß man aus der Konstantinskirche in die Anastasis-Rotunde herabzusteigen hatte[25]. Auch als die Architekten Kaiser Konstantins IX. Monomachos 1042 - nach der Zerstörung des ursprünglichen Konstantinsbaus östlich des Atriums 1009 durch den Kalifen Ḥākim - alle Memorialstätten um diesen Hof zusammenfaßten, bestand vermutlich immer noch keine Notwendigkeit zu einem Niveauausgleich. Erst im Kreuzfahrerbau mußte der Fußboden in dem Umgang zwischen dem Chor und

23 Einen neuen Versuch, das Forum Hadrians zu rekonstruieren, hat V. CORBO, I (Anm. 4), 33-37 vorgelegt. Neben archäologischen Daten, die sich bei den Untersuchungen in der Grabeskirche ergeben haben, sieht er zwei feste Ausgangspunkte: Das Grab und der Golgota-Felsen waren überdeckt - dies schließt er aus den Angaben Eusebs und bei Hieronymus -; der Kultbau Hadrians kann nur ein „Capitolium" gewesen sein nach dem Vorbild des Römischen Capitols, in dem neben Jupiter in der Mitte Juno und Minerva verehrt wurden - dies ergibt sich aus dem Namen der Stadt, Aelia Capitolina. Deshalb zeichnet er (II, Tav. 68) den Grundriß eines gewaltigen Gebäudes auf einer hohen Aufschüttung, die einen weiteren Stufenaufgang auf dem Forum erforderlich macht. Die Hypothese eines „Capitolium" ist bestechend, auch wenn Hieronymus nur von einem Jupitertempel über dem Grab spricht. Nun reichte das Forum im Westen bis an den Hang; vom westlichen Cardo, der heutigen Christen-Straße, wird man auf Treppen zum Forum gelangt sein. Der Plattenbelag unter dem heutigen Straßenniveau, der bei der Neupflasterung jüngst gefunden wurde, wird auf das 3./4. Jh. datiert; der Weg ist sicher älter und war zunächst ungepflastert. Der Tempel brauchte dann nur so weit am Hang zu stehen, daß der Zugang zum Grab überdeckt und verschlossen war - so auch CORBOs Plan. Dies muß nicht einschließen, daß auch der Golgota-Felsen verschüttet war, das steht nicht bei Euseb, der ja von diesem Felsen überhaupt schweigt, und auch nicht bei Hieronymus, der schrieb, daß eine Marmorstatue der Venus *in Crucis rupe* verehrt worden sei (ep. 58,3,5), was sowohl „auf" wie „in" dem Felsen heißen kann und keine Antwort auf unsere Frage gibt, ob oder wieweit Golgota aus dem Forum herausragte.

24 Z.B. Egeria c. 24,1.3: *descendent (ad Anastasin)* (p. 67, 5; 68, 20 ed. FRANCESCHINI-WEBER; p. 71, 14.29 ed. GEYER). Auf diesen Niveauunterschied wies bes. A. HEISENBERG, Grabeskirche und Apostelkirche. Zwei Basiliken Konstantins, Bd. I (Leipzig 1908), 92 hin, deutete ihn allerdings von seiner unhaltbaren Theorie aus, daß der ursprüngliche Standort des Grabmonumentes in der heutigen St. Helena-Kapelle zu suchen sei. In Auseinandersetzung mit ihm diskutierte A. BAUMSTARK, Die Modestianischen und die Konstantinischen Bauten (Anm. 14), 125-133 die einschlägigen Berichte, gerät dabei aber in die Gefahr, die Bedeutung des gelegentlich auch in liturgischen Texten genannten *descendere* oder καταβαίνειν zu unterschätzen. Aber natürlich hatte BAUMSTARK recht, wenn er darauf hinwies, daß man nicht nur vom Martyrium Konstantins, sondern auch vom Westen, der heutigen Christenstraße, oder von Süden, dem Zion, zur Anastasis hinabsteigt; vgl. auch Sophronios, hymn. 20,8 (p. 12 ed. DONNER).

25 Den Text edierte A. PAPADOPOULOS-KERAMEUS in seinen 'Ανάλεκτα 'Ιεροσολυμιτικῆς Σταχυολογίας, II (St. Petersburg 1894), 1-254; ich zitiere nach BAUMSTARK (Anm. 24), 132. Zur Einordnung des Typikons vgl. zuletzt ders., Liturgie comparée, 3. ed. par B. BOTTE (Paris 1953), 155.

dem Zugang zur St. Helena-Kapelle sowie den in die Außenapsis eingefügten drei Kapellen nun auf die Höhe der Rotunde abgesenkt werden, soweit dieser Umgang in den Bereich der ehemaligen Konstantinsbasilika hineinreicht. Noch heute ist deutlich zu erkennen, daß hier der Fußboden einst höher lag.

Der Golgotafelsen dürfte schon in der Spätantike weitgehend eingebaut gewesen sein, den Wendepunkt brachte die Restauration unter Modestos. Doch ragte er bis ins 11. Jahrhundert auf seiner westlichen, der Anastasis zugekehrten Seite frei und hoch auf, von hier aus war er sichtbar und zugänglich, nicht von der Rückseite, die sich an die Basilika Konstantins anlehnte. Seit dem Kreuzfahrerbau ist der Fels dann vom Osten her überhaupt nicht mehr einsichtig, geschweige denn zugänglich gewesen. Vermutlich von Norden her führten zumindest seit dem 6. Jahrhundert Stufen auf die Spitze des Calvarienberges[26]. Schon im 4. Jahrhundert zeigte man hier den Riß im Felsen, der beim Tode des Herrn entstanden sein soll[27]; hier im Westen suchte man spätestens im 6. Jahrhundert nach einer tiefsinnigen, schon auf das 2. Jahrhundert zurückgehenden Legende, die uns noch ausführlich beschäftigen wird, das Grab Adams[28]. Schließlich wurde Golgota mit dem Berg Moria gleichgesetzt, auf dem Abraham seinen Sohn Isaak darbrachte - deshalb gibt es hier nun einen Abrahams-Altar zu sehen[29]. Seit dem Wiederaufbau nach den Zerstörungen der Perser unter Modestos ist auch die Spitze des Felsens überdacht, über der Adamskapelle entsteht die Kapelle auf dem Calvarienberg - wir nähern uns dem heutigen Zustand[30]. Dies alles verlieh - man kann auch sagen: verleiht - der Westseite des Kreuzes-

26 Der erste literarische Zeuge der Stufen ist Theodosius, de situ Terrae Sanctae, c. 7 (p. 118, 1 CChL 175; p. 141, 1 ed. GEYER). CORBO, I (Anm. 4), 97 f., hält diesen Stufenaufgang für bereits konstantinisch und lokalisiert ihn im Norden, aus dem östlichen Portikus heraus, dort, wo der Fels auf der Höhe der Adamskapelle auch heute in den Umgang um das griech. Katholikon vorspringt (vgl. in II, tav. 40, Treppe 3b).

27 Kyrill, cat. 13, 39 (p. 102 ed. REISCHL-RUPP); Rufin, hist. eccl. 9,6 (p. 815, 6-8 ed. MOMMSEN in GCS, Euseb II, 2); vgl. auch WILKINSON, Egerias Travels, 181 und hier Anm. 81.

28 Dazu S. 84-92.

29 Theodosius c. 7: *In ciuitate Hierusalem ad sepulcrum Domini ibi est Caluariae locus; ibi Abraham obtulit filium suum holocaustum, et quia mons petreus est, in ipsa monte, hoc est ad pedum montis ipsius, fecit Abraham altare* (p. 117 CChL; p. 140, 16-19 ed. GEYER); Pilger von Piacenza, itin. 19: *In latere est altarium Abrahae, ubi ibat Isaac offerre, obtulit et Melchsedech sacrificium* (p. 138 f., vgl. 163 f. CChL 175; p. 172, 3-5, vgl. 204, 8-12 ed. GEYER). Beide Berichte kommen aus dem 6. Jh.; für die modestianische Restauration vgl. Adomnanus-Arkulf, de loc. sanct. I 6,2 (p. 191, 11-16 ed. BIELER; p. 234, 5-11 ed. GEYER). Zu diesem ganzen Thema weiter S. 97 ff.

30 Vgl. dazu BAGATTI, Il Golgota e la Croce, 60; CORBO I (Anm. 4), 98-100; II, Tav. 40 u. 41 („Modesto ... cambiò completamente la fisionomia del Calvario costantiniano con la costruzione di una copertura sullo sperone di roccia", S. 98). Arkulf spricht nur von einer Kirche, der *Golgothana ecclesia,* nennt aber einen oberen Teil, kennt also zwei Ebenen; Adomnanus I 5,1 (p. 190, 3-8 ed. BIELER; p. 233, 6-11 ed. GEYER), vgl. 6,3 und 7,1. Zur *exedra* Arkulfs vgl. Anm. 8 und S. 51 f.

felsens einen eigenen Glanz. Hinzu kam als ganz praktische Gegebenheit, daß dieser Ort, außerhalb des Martyriums und der Anastasis gelegen, auch noch zugänglich war, wenn die Kirchen nach Sonnenuntergang geschlossen wurden. So berichtet Gerontios von der jüngeren Melania, die um 420 als Asketin innerhalb des Bezirks der Bauten am Heiligen Grab lebte: „Jeden Abend, wenn die heilige Auferstehungskirche geschlossen war, blieb sie beim Kreuz, bis die Psalmensänger kamen, und zog sich dann in ihre Zelle zurück, um ein wenig zu ruhen“[31].

Seit dem 5. Jahrhundert läßt sich beobachten, daß die Basilika Konstantins und Golgota immer mehr auseinandertreten[32]. Patriarch Sophronios besingt dann, wahrscheinlich etwa 633, schon nach der modestianischen Restauration, in einem seiner anakreontischen Gedichte seinen Weg als Beter vom Grabbau zur Schädelstätte, in die Apsis der Basilika zur Kreuzauffindungsstelle und schließlich ins Atrium[33]. Bei Arkulf, der Jerusalem nach der arabischen Eroberung etwa 670 besuchte, sind aus den einzelnen Memorialstätten deutlich eigene Kirchen geworden; so beschreibt er nach der Rotunde und einer gleich noch zu nennenden Marienkirche eine eigene „sehr große Kirche“, „die am Calvarienort erbaut“ und von der konstantinischen Kirche unterschieden ist[34]. Wie immer

31 c. 36: καθ' ἑσπέραν δὲ μετὰ τὸ κλεισθῆναι τὴν ἁγίαν 'Ανάστασιν παρέμενεν τῷ Σταυρῷ, μέχρις ὅτε εἰσήρχοντο οἱ ψάλλοντες, καὶ τότε ἀπερχομένη ἐν τῷ κελλίῳ αὐτῆς ἐκάθευδεν ὀλίγον (p. 194f. ed. GORZE in SC 90 [Paris 1962]). Zu der hier vorausgesetzten Situation vgl. Egeria 24, 1f. Melania wacht also betend am Kreuz, bis das Tagesgebet der anderen Asketen vor Tagesanbruch beginnt. Dies mag nur für einzelne möglich gewesen sein, die eben innerhalb des Gesamtbezirks lebten oder gar nur für eine Frau aus dem Senatorenstande wie Melania, aber es verdeutlicht doch die besondere Situation des Platzes vor dem Kreuz. Daß dies gleichsam die Schauseite des Kreuzesfelsens ist, geht im Grunde schon aus der Unterscheidung Egerias zwischen *ante* und *post Crucem* hervor.

32 Das spiegelt sich schon bei Eucherius c. 6 (p. 237, 24–238,32 ed. FRAIPONT; p. 126, 8–14 ed. GEYER), ist im Breviarius unverkennbar, er beschreibt den Weg aus der Basilika zur Golgota-Kirche und dann zur Anastasis, c. 1–3 (p. 109f. ed. WEBER; p. 153f. ed. GEYER), der Pilger von Piacenza beschreibt den umgekehrten Weg, vom Grabmal nach Golgota und zur Kreuzauffindungsstelle in der Basilika, c. 18–20 (p. 138,3–139,12; 163,16–164,20 ed. GEYER in CChL 175; p. 171f.; 203f. in CSEL 39).

33 hymn. 19, 7–50. Ich benutze die schöne neue Ausgabe mit Übers. und Kommentar von H. DONNER (vgl. Vorbemerkung) und folge ihm auch in der Datierung. Bei der Deutung würde ich zu überlegen geben, ob nicht die 12. Strophe, N, auf die „Nea“ Justinians zu beziehen ist, sie lag am Wege von der Grabeskirche zum Zion.

34 Adomnanus, de loc sanct. I capit.: *V. De illa eclesia quae Caluariae loco constructa est. VI. De basilica quam Constantinus supradictae eclesiae in eodem fabricauit loco ubi crux Domini ruinis superata post multa tempora refosa inuenta est terra* (p. 183, 21–24 ed. BIELER; p. 222, 3–6 ed. GEYER). Auch auf der berühmten Zeichnung Arkulfs, die in den Handschriften – mehr oder weniger korrekt – wiedergegeben ist (p. 231 ed. GEYER nach cod. Paris. 13048, 9. Jh.; vgl. auch etwa WILKINSON, Jerusalem Pilgrims, pl. 5 u. 6 [nach S. 196] und DONNER, Pilgerfahrt, 339), sind die Golgota-Kirche, mit einem Kreuz gekennzeichnet, und die Konstantinsbasilika, mit drei

dies baulich zu verstehen sein mag - wir haben dies noch zu prüfen -, in der Wertung der Memorialstätten kommt damit nur eine Entwicklung zum Abschluß, die bereits viel früher eingesetzt hat. Die Basilika Konstantins wird nicht mehr als die Kirche des Hl. Kreuzes angesehen. Anastasis und Golgota liegen einander gegenüber um das Atrium angeordnet, das sich westlich des Martyriums erstreckt. Auch der Name „Martyrium" verschwindet; in dem bereits genannten Jerusalemer Typikon ist statt dessen die Bezeichnung ὁ Κονσταντῖνος belegt[35]. Soweit man diese Basilika weiter als Memorialstätte betrachtet, hält sie das Gedächtnis der Kreuzauffindung, nicht mehr der Kreuzigung fest. Sie ist ja, wie die neuen Sondierungen gezeigt haben, wirklich genau über der heutigen St. Helena-Kapelle errichtet worden, einer alten Vertiefung aus der Zeit, in der das Gelände als Steinbruch benutzt worden war; bei den Ausschachtungsarbeiten 326 ist sie offenbar freigelegt und so zugerichtet worden, daß sie die Fundamentmauern für die beiden Säulenreihen aufnehmen konnte, die das Mittelschiff der Konstantinsbasilika abgrenzten. An der Innenseite der südlichen Fundamentmauer muß dann der Gang zur eigentlichen Kreuzauffindungskapelle geführt haben[36].

Kreuzen, deutlich voneinander abgehoben. Die Zeichnung bestätigt, was dem Text zu entnehmen ist, daß es sich bei der Golgota-Kirche nur um die Adamskapelle handeln kann (vgl. Anm. 12). Zur Lokalisierung der *exedra* vgl. S. 51f. Der Abrahamsaltar ist im Nordosten des Hofes eingezeichnet, also im heutigen „Gefängnis Christi". Der Standort der Marienkirche ist umstritten, Arkulf lokalisiert sie eindeutig im Süden.

35 Jerusalemer Typikon, vgl. BAUMSTARK, Die Modestianischen und die Konstantinischen Bauten, 9. 46. Das ist auch der Sprachgebrauch des Epiphanios Monachos Hagiopolita, dessen Palästinabeschreibung H. DONNER Die Palästinabeschreibung des Epiphanius Monachus Hagiopolita, ZDPV 87 (1971), 42–91, ausgezeichnet ediert hat. Da der Text II 8f. vom „linken Teil" des ἅγιος Κονσταντῖνος spricht (p. 68 ed. DONNER), scheint das Martyrium noch zu stehen. Dann muß die πύλη τοῦ ἁγίου Κονσταντῖνου, I 15f., zwischen Gefängnis Christi und Kreuzigungsort, ein Portal in die Basilika sein. Auch Epiphanios spricht von einer Kapelle über diesem Portal, in dem Gegenstände der biblischen Geschichte als Heiligtümer aufbewahrt werden, I 17ff. (p. 67f.).

36 Konstantinsbasilika als Memorialstätte der Kreuzauffindung: Im Grunde ist dies bereits in dem schwer datierbaren *Breviarius de Hierosolyma* vorausgesetzt: 1. *In medio civitatis est basilica Constantini ... Et inde intrans in aecclesiam sancti Constantini. Magna ab occidente est absida, ubi inuente sunt tres cruces. ...* 2. *Et inde intrans in Golgotha est ibi atrium grande ubi crucifixus est Dominus. ...* 3. *Inde ad occidentem intrans sanctam resurrectionem, ubi est sepulchrum Domini ...* (p. 109f. ed. WEBER, Textform a; b ergibt kein abweichendes Bild, vgl. p. 153f. ed. GEYER). Für Theodosius, ca. 520, haftet der Golgota-Name noch an der Konstantinsbasilika, c. 7: *In ciuitate Hierusalem ad sepulcrum Domini ibi est Caluariae locus ...* (Forts. s. Anm. 29). *De sepulcro Domni usque ad Caluariae locum sunt passus numero XV; sub uno tecto est. De Caluariae locum usque in Golgotha passus numero XV, ubi crux Domni inuenta est* (p. 117, 15f.; 118, 2–5 ed. GEYER in CChL 175; p. 140. 141 in CSEL 39). Auch hier ist die Textüberlieferung nicht ganz einheitlich.

Inhaltlich bereitet vor allem die Aussage *sub uno tecto est* Schwierigkeiten (Handschr. G, 8. Jh. hat: *tectae sunt totum eum*), denn der Calvarienberg war sicher außerhalb der Rotunde. Daß er inzwischen „überdacht", zumindest von einem Baldachin gekrönt war, ist anzunehmen. Aber vielleicht dachte der Pilger an die überdachten Säulenhallen, auf denen man, ohne das offene Atrium zu betreten, von der Grabrotunde zum Golgotafelsen gehen konnte. Andere Deutungen geben COÜASNON, 50ff. (implizit) und DONNER, Pilgerfahrt, 207f., Anm. 48 u. 50. DONNER möchte unter dem Calvarienberg in diesem Zusammenhang den Hof zwischen Rotunde und Basilika verstehen; damit lassen sich dann die schwierigen Entfernungsangaben gut vereinbaren. Aber der vorliegende Text spricht vom *Caluariae locus* so eindeutig als *mons petreus,* zu dem Stufen führen, daß ich Bedenken habe. Auch die von WILKINSON, Jerusalem Pilgrims, 184–192 vorgeschlagene Quellenscheidung hilft hier nicht weiter. Der Anonymus von Piacenza geht gleichfalls vom Grab zum Felsen, den er Golgota nennt, und zählt die Schritte (der Text nennt 80), c. 19 (p. 138, 20; 163, 5 ed. GEYER in CChL; p. 171; 204 in CSEL). Nach der Schilderung dessen, was er dort sah, fährt er fort c. 20: *De Golgotha usque ubi inuenta est crux sunt gressos quinquaginta in basilica Constantini, cohaerente circa monumentum uel Golgotha* (p. 139, 10–12; 164, 18–20 ed. GEYER in CChL; p. 172; 204 in CSEL). Vgl. auch die Aufzeichnungen eines armenischen Pilgers von 660, die A. BAUMSTARK (Anm. 14), 15f. nach der engl. Übers. von NISBET BAIN, Armenian Description of the Holy Places in the Seventh Century, PEQ 28 (1896), [346–349] 347, zitiert: "... the chief church (Katolike) called Maturn" (= Μαρτύριον), "but also Invention of the Cross". Zum Bericht Arkulfs vgl. Anm. 34. Eine besonders eigentümliche Bestätigung dieser Tradition bringt eine koptische Eudoxia-Legende, die in einer Hdschr. wohl noch des 7. Jh.s überliefert ist: Eudoxia and the Holy Sepulchre. A Constantinian legend in coptic, ed. by T. ORLANDI, Intr. and Transl. by B.A. PEARSON, Historical Study by H.A. DRAKE (Testi e Documenti per lo studio dell ‚Antichita' LXVII; Milano 1980). Dieser Text setzt die Helena-Legende voraus, c. 57 (p. 60,4); die Mutter Konstantins hat das Hl. Kreuz gefunden und dann dort auch die dazugehörige Kirche gebaut. Die Auffindung des Grabes und den Bau der entsprechenden Anlage, der Anastasis, c. 101 (p. 78, 25ff.), schreibt er einer jungfräulichen Schwester des Kaisers, eben Eudoxia zu, deren Legende in phantastischer Weise an die Helena-Tradition anknüpft und sie ausweitet. In dieser kaiserlichen Prinzessin lebt natürlich der Name und die Erinnerung an die Kaiserin Eudokia fort, der Wohltäterin Jerusalems im 5. Jh. und Förderin der Gegner des Chalzedonense und Bischof Juvenals. Zum Verhältnis zwischen der St. Helena-Kapelle der Kreuzfahrerbasilika und dem Konstantinsbau: COÜASNON, 41f.; CORBO, I (Anm. 4), 208f. Die Konstantinsbasilika hatte keine Krypta. Die Kreuzauffindungskapelle, eine alte Zisterne, taucht zuerst im 11. Jh. in der renovierten Anlage Konstantins Monomachos auf, vgl. bes. CORBO, I, 166–174. Als Memorialstätte war sie eben weitgehend Ersatz für die nicht wieder aufgebaute Basilika. Merkwürdig bleibt, daß der Zugang zu dieser unterirdischen Kapelle von oben dort beginnt, wo man Pilgern schon lange zuvor den Platz der Kreuzauffindung gezeigt hatte, in der Apsis des Martyriums. Jedenfalls sind die drei hl. Stätten auch in lokalen, älteren, griechischen Texten zusammen genannt. So schwor 516 der aus den Händen Vitalians befreite und in Jerusalem weilende Hypatios auf Druck der chalzedonensisch gesinnten Mönchsväter, vor allem des Theodosios und Sabas, jede Gemeinschaft mit Gegnern des Chalkedonense abzubrechen und stiftete 100 Pfund Gold τῆι τε ἁγίαι Ἀναστάσει καὶ τῶι ἁγίωι κρανίωι καὶ τῶι τιμίωι Σταυρῶι, so Kyrill von Skythopolis, vit. s. Sabae 56 (p. 152, 9f. ed. SCHWARTZ in TU 49,2; Leipzig 1939). Es sind dieselben Stätten, von denen die Annalen des Eutychios berichten, daß die Perser sie zerstört hätten (vgl. dazu M. BREYDY, Mamila ou Maquella? La prise de Jérusalem et ses conséquences [614 AD] Sélon la récension *alexandrine* des Annales d'Eutychès, OrChr 65 [1981], [62–86] 77, ferner hier Anm. 151), und der Mönch Antiochos aus dem Mar Saba-Kloster, daß Modestos sie wieder aufgebaut habe (MPG 89, col. 1428). Der Name κράνιον weist auf die Tradition vom Schädel Adams hin, unabhängig davon, ob es im 6. Jh. vor Modestos hier schon eine eigene Kapelle gab, die baulich abgesetzt war. Bei Epiphanios mon.hag. ist κράνιον dann eindeutig der Golgota-Felsen, die Kreuzigungsstätte, unterhalb derer die Adamskapelle liegt, I 9–12 (p. 67 ed. DONNER).

Diese Auffächerung der Memorialstätten stellt doch eine Analogie zur Zerlegung des alten Passa/Oster-Festes in die einzelnen Gedenktage des Leidens und der Auferstehung Christi in Jerusalem dar, die ihrerseits mit der besonderen Funktion zusammenhängt, die den Kirchen der Stadt, vor allem den Bauten Konstantins, nun zugewachsen ist: sie laden Pilger zu einem Rundgang ein, der von der einen zur anderen Memorialstätte und damit zugleich zu immer neuen Reliquien führt. Die Verbindung mit dem zentralen Heilsgeschehen lockert sich dabei. Um den Hof zwischen Anastasis und Konstantinsbasilika entstehen weitere Gedächtnisstellen, die mit Kreuz und Auferstehung Christi unmittelbar wenig zu tun haben. Schon Arkulf berichtet aus dem von Modestos restaurierten Baukomplex von einer Marienkirche (I 4), deren genaue Lage umstritten ist; nach der Zeichnung Arkulfs lag sie im Süden[37]. Auch der Gottesdienst bleibt davon nicht unbeeinflußt. Nach der Analyse ANTON BAUMSTARKS läßt der Osterkanon des Johannes von Damaskus auf eine Prozession während der Osternacht schließen, die - doch in den Tagen des großen Lehrers aus dem Mar-Saba-Kloster, also im 8. Jahrhundert - von der Anastasis zum Baptisterium im Süden, dann zum „Gefängnis Christi" im Nordosten des Hofes, weiter zur Marienkirche - nach seiner Ansicht im Nordwesten -, noch einmal über dies Atrium diagonal zum Golgotafelsen mit Adamskapelle (κράνιον), schließlich in seine Mitte zum Omphalos und von dort zur Konstantinsbasilika führte[38]. Die hier genannten, gegenüber dem 4. Jahrhundert neuen Memorialstellen werden uns später noch in anderem Zusammenhang begegnen[39].

Hier genügt die Feststellung, daß bis zur Kreuzfahrerzeit das Atrium zwischen den Kirchen offenbar die verbindende und ordnende Mitte blieb, selbst als die Konstantinsbasilika, unter Ḥākim völlig niedergerissen, nicht wieder aufgebaut werden konnte. Auch die Ausweitung der Gedenkstellen blieb bei aller Zerfaserung im Kraftfeld zwischen Golgota und dem Heiligen Grab.

2. *Die eine Basilika an den zwei Memorialstellen*

Für die konstantinische Zeit gilt dies alles so noch nicht. Die neuen archäologischen Sondierungen haben nach P. COÜASNON verdeutlicht, was schon vorher aufgrund der literarischen Quellen, vor allem der Bauberichte Eusebs und der

37 Dazu BAUMSTARK (Anm. 14), 28-34.

38 Ebenda, 34-44. Wenn man das Baptisterium im Nordwesten sucht (so CORBO) und die Marienkirche im Süden, dann war es ein Rundgang im Kreis, was noch eher einleuchten mag. Den Omphalos in der Mitte des Hofes hielt noch das neue Arrangement unter Konstantin Monomachos fest, vgl. CORBO, II (Anm. 4), Tav. 4.

39 S. 92ff.

Katechesen Kyrills, vermutet worden war[40], daß die Rotunde über dem Grab zwar noch im 4. Jahrhundert entstand, aber einer späteren Bauphase angehört. Zunächst habe die Ädikula frei in dem von Säulen gesäumten Hof westlich der Basilika gestanden[41]. Dies ist von P. CORBO bestritten worden, jedenfalls hat er nicht anerkannt, daß es einen archäologischen Beweis für eine Entstehung der konstantinischen Bauten am Hl. Grab in Phasen gebe. Andererseits ist CORBOs These, daß die Anastasis als Bauwerk das Ergebnis eines von Anfang an bestehenden und konsequent verfolgten Planes sei, sicher archäologisch zu untermauern, nicht aber, daß dieser Plan noch zu Lebzeiten Konstantins verwirklicht wurde. Ausschlaggebend für diese Frage ist die Beurteilung der literarischen Quellen. Dann behält die Beobachtung aber ihr Gewicht, daß Euseb anders schreibt als Egeria. Beim Grabmonument spricht er sicher von ausgewählten Säulen und reichem Schmuck (laus Constantini= LC 3, 34), aber niemals einer eigenen Kirche. Das wird zwar am besten verständlich, wenn die Rotunde eben noch nicht stand oder noch nicht vollendet war, als der Metropolit von Caesarea seine Beschreibung der Bauten am Grabe Christi innerhalb des Enkomions auf seinen 337 verstorbenen kaiserlichen Gönner abfaßte. Aber letztlich geht es dabei nicht um Hypothesen über das Tempo des Baufortschrittes, sondern um das Verständnis der ganzen Anlage. Das hat sich bei Egeria gewandelt. Kyrill von Jerusalem gab in der Mitte des Jahrhunderts seinen Katechumenen auch eine andere Erklärung für den Namen „Martyrion", den die Konstantinsbasilika schon damals führte, als sie Egeria 383, ein Menschenalter später, noch während seines Pontifikates, zu hören bekommen sollte. In der 14. Katechese über die Auferstehung und Erhöhung Christi bringt Kyrill eine längere Auslegung von Soph. 3, 7–10 (LXX) und entnimmt ihr, daß der Prophet den Abfall Israels, die Auferstehung des Herrn, das Sprachenwunder am Pfingsttag und die Sammlung der Völker in der Kirche vorherverkündet habe. Es sind die großen Themen der frühchristlichen Osterpredigt, die der Jerusalemer Katechet hier aus dem Zephania-Zitat entwickelt. In der späteren Jerusalemer Liturgie, wie sie uns das Geor-

40 Vgl. bes. G. DALMAN, Golgotha und das Grab Christi, PJ 9 (1913), 98–123; SCHMALTZ (Anm. 1), 28–40; E. DYGGVE, Gravkirken i Jerusalem (Studier fra Sprog- og Oldtidsforskning, No. 186; Kopenhagen 1941); E. WISTRAND, Konstantins Kirche am Heiligen Grab in Jerusalem nach den ältesten literarischen Zeugnissen (Acta Univ. Gotoburgensis LVIII; Göteborg 1952); ihm entnehme ich Abb. 1 (Wistrand, S. 50).

41 COÜASNON, 21 ff. (vgl. die Rekonstruktion Pl. VII); dagegen CORBO I, 56–68. Die Frage der ältesten Gestalt der konstantinischen Grabädikula ist nicht ganz unabhängig davon, ob sie ursprünglich als freistehendes Monument gedacht war oder immer unter der Rotunde ihren Platz finden sollte; das ist bei Corbo deutlich zu merken. Einen interessanten Versuch der Rekonstruktion aufgrund der zahlreichen Repliken in Kirchen nördlich der Alpen hat JOHN WILKINSON vorgelegt: The Tomb of Christ: An Outline of Its Structural History, Levant 4 (1972), 83–97.

gische Lektionar belegt, ist dieser Text übrigens dann auch als 2. Prophetenlesung am Ostersonntag vorgesehen[42]. Es ist überhaupt unverkennbar, wie stark Kyrill in dieser und der vorangegangenen Unterweisung über das Kreuz auf Stil und Inhalt dieser homiletischen Tradition zurückgreift[43]. Zu Soph. 3, 8 „Deshalb erwarte mich, spricht der Herr, am Tage meiner Auferstehung zum Zeugnis" (εἰς ἡμέραν ἀναστάσεώς μου εἰς μαρτύριον) heißt es dabei: „Siehst du, daß der Prophet auch vorhergesehen hat, daß der Ort der Auferstehung ‚Martyrium' genannt werden wird? Denn aus welchem Grunde wird denn dieser Ort von Golgota und der Auferstehung nicht wie die sonstigen Kirchen als ‚Kirche' bezeichnet, sondern ‚Martyrium' genannt? Eben wegen dessen, was der Prophet gesagt hat: ‚Am Tage meiner Auferstehung zum Zeugnis (= μαρτύριον).'"[44]

42 Nr. 747 TARCHNISCHVILI.

43 Ich notiere nur den hochrhetorischen, von Antithesen geprägten Stil des Abschnittes 13,5; der gegen die Juden gerichtete Argumentationsgang 13,8 (vgl. 9–17) fußt auf der damals längst archaischen Unterscheidung zwischen dem geschriebenen Text der Prophetie des Alten Testaments und der mündlichen Predigt des Evangeliums („... Ihr habt gehört ... – ... es steht geschrieben"). Aufschlußreich wäre auch ein genauer Vergleich mit Athanasios, de inc. verbi, einer Schrift, die, etwa 12 Jahre zuvor entstanden, mit dem gleichen Traditionsmaterial arbeitete, von Kyrill aber anscheinend nicht benutzt worden ist – er war eben kein Parteigänger des Athanasios. Für den großen Alexandriner vgl. meinen Beitrag: Kreuz und Auferstehung in der Sicht von Athanasious und Luther, in: Der auferstandene Christus und das Heil der Welt (Studienheft 7, hrsg. vom Kirchl. Außenamt der EKD; Witten 1972), [40–82] 42–57. Auch Kyrill spricht davon, daß vor dem Kreuz die Dämonen fliehen (13,36) und daß die christliche Mission die Macht des Gekreuzigten bezeugt (13,40). Selbst das athanasianisch-anselmsche Problem *„cur deus homo"* klingt an: Wie sind angesichts der Sünde des Menschen Gottes Wahrhaftigkeit, die eine Verurteilung des Sünders fordert, und Gottes Philanthropie miteinander zu vereinen? Am Kreuz wird Gottes Weisheit offenbar, die beides festhielt, καὶ τῇ ὀποφάσει τὴν ἀλήθειαν καὶ τῇ φιλανθρωπίᾳ τὴν ἐνέργειαν 13,33 (p. II 94 ed. REISCHL-RUPP). Aber schon diese Formulierung läßt auch den großen Unterschied im theologischen Ansatz erkennen. Kyrill reflektiert stärker das Verhältnis von Tod und Auferstehung Christi: „Ich bekenne das Kreuz, da ich von der Auferstehung weiß", 13,4 (p. II 54 ed. REISCHL-RUPP). In der Auferstehungs- und Erhöhungs-Katechese sind die Anklänge an die Passa/Oster-Tradition seltener, vgl. aber etwa die Schilderung der Hadesfahrt 14,19. Auch in dieser Katechese steht im Vordergrund die Auseinandersetzung mit der jüdischen Bestreitung der Auferstehung Christi und unter diesem Vorzeichen der alttestamentliche Schriftbeweis. Entsprechendes läßt sich nun auch an den Homilien des Euseb von Emesa zur Passion und Auferstehung Christi beobachten, Akinian V–VI, vgl. LEHMANN, Per Piscatores (Århus 1975), 209–253. Euseb nennt hier im übrigen offenbar vier Memorialstätten: VI 23–24 "are in the nature of a long drawn out doxology ... giving particular weight to the fact that among the hearers (i.e. the Jerusalem community) are to be found the localities that more than anything bear witness to Christ: the places where he was betrayed [also *Gethsemane,* vgl. AKINIAN V = BUYTAERT, L'héritage littéraire d'Eusèbe d'Emèse (Bibl. du Muséon, 24; Louvain 1949), c. 8, p. 82: *Apud vos est locus ... sed prope, in loco quem vos aliis ostenditis, proditor veniens perveniebat ...*], tortured [*Golgota*], buried and taken up into heaven [*Ölberg*]", LEHMANN, 243. Er scheint also etwa mit Kyrill gleichzeitig die Doppelmemorialstätte zu bestätigen.

44 14,6: Καὶ ἑξῆς κατὰ τὴν αὐτὴν ἀκολουθίαν τῆς γραφῆς φησι· διὰ τοῦτο ὑπόμεινόν με, λέγει κύριος, εἰς ἡμέραν ἀναστάσεώς μου εἰς μαρτύριον. βλέπεις ὅτι καὶ τὸν τόπον τῆς ἀναστάσεως προεῖδεν ὁ προφήτης μαρτύριον ἐπικληθησόμενον; τίνι γὰρ τῷ λόγῳ μὴ

Für Kyrill war damals also diese Basilika noch Memorialstätte für Kreuz und Auferstehung zugleich. So wird man auch die anderen Verweise auf den Kirchenbau Konstantins in dieser Katechese zu verstehen haben, wie die Bemerkung in 14, 14, daß die jetztigen Kaiser anders seien als die Machthaber, die einst in Jerusalem die am Grabe wachehaltenden Soldaten bestachen (Mt. 28, 13): „Die Kaiser der Gegenwart also haben aus Frömmigkeit diese silber- und goldgeschmückte heilige Kirche, in der wir sind, die Kirche der Auferstehung des Heilandes-Gottes erbaut und mit Kostbarkeiten aus Silber, Gold und wertvollen Steinen geschmückt." In 14, 22 heißt es: Zeugen der Auferstehung sind die Nacht und der Vollmond des 16. Nisan, der Fels und der Grabstein, die Engel, die Jünger, die Frauen, die Leintücher, die Soldaten und das Bestechungsgeld, das sie erhalten hatten, ferner „der Ort selbst, der noch zu sehen ist, und dies Haus der heiligen Kirche, das nach dem Christus liebenden Vorsatz des Kaiser Konstantin seligen Angedenkens gebaut und - wie du siehst - so geschmückt worden ist."[45] Es besteht keinerlei Anlaß anzunehmen, diese Katechese sei an einer anderen Stelle gehalten worden als die ihr vorangehenden, nämlich - wie es noch Egeria schildert - in der Martyriums-Basilika[46].

κατὰ τὰς λοιπὰς ἐκκλησίας ὁ τοῦ Γολγοθᾶ καὶ τῆς ἀναστάσεως οὗτος ὁ τόπος ἐκκλησία καλεῖται, ἀλλὰ μαρτύριον; ἀλλ' ἴσως διά τὸν προφήτην τὸν εἰπὄντα· εἰς ἡμέραν ἀναστάσεώς μου εἰς μαρτύριον (p. 112 ff. ed. REISCHL-RUPP). Zur Geschichte der Auslegung von Zeph. 3, 7-10 gibt es m.W. keine Spezialuntersuchung; zu 3,10, der Verwandlung der Sprache, vgl. aber ERIK PETERSON, Das Problem des Nationalismus im alten Christentum (1951), in: Ders., Frühkirche, Judentum und Gnosis (Freiburg 1959), 51-63.

45 14,14: οἱ δὲ νῦν βασιλεῖς δι' εὐσέβειαν ἀργυρένδυτον καὶ χρυσοκόλλητον τὴν ἁγίαν ἐκκλησίαν ταύτην, ἐν ᾗ πάρεσμεν, τῆς τοῦ σωτῆρος θεοῦ ἀναστάσεως ἐξειργάσαντο καὶ τοῖς ἐξ ἀργύρου καὶ χρυσοῦ καὶ λίθων τιμίων κειμηλίοις ἐφαίδρυναν (p. II 124 ed. REISCHL-RUPP). 14,22: ὁ τόπος αὐτὸς ἔτι φαινόμενος, καὶ ὁ τῆς ἁγίας ἐκκλησίας οὗτος οἶκος ὁ τῇ φιλοχρίστῳ προαιρέσαι τοῦ ἐπὶ τῆς μακαρίας μνήμης Κωνσταντίνου τοῦ βασιλέως οἰκοδομηθείς τε καὶ ὡς ὁρᾷς οὕτως φαιδρυνθείς (p. II 138 ed. REISCHL-RUPP).

46 Egeria c. 46: *Et statim ponitur cathedra episcopo ad Martyrium in ecclesia maiore et sedent omnes in giro prope episcopo, qui baptismandi sunt ... hoc autem cathecisis appellatur* (p. 87, 5-7; 88,15 ed. FRANCESCHINI-WEBER; p. 97, 14-16.24 ed. GEYER). Der genaue Platz innerhalb der Kirche ist aus diesen Angaben nicht ersichtlich. Bei der Einschreibung der Katechumenen, dem „Namen-Angeben", heißt es. c. 45,2: *ponitur episcopo cathedra media ecclesia maiore, id est ad Martyrium* (p. 87,7 ed. FRANCESCHINI-WEBER; p. 96,24 f. ed. GEYER), bei der *redditio symboli* c. 46,5: *Retro in apsida post altarium ponitur cathedra episcopo* (p. 88, 36 f. ed. FRANCESCHINI-WEBER; p. 98, 16 f. ed. GEYER). Auch WISTRAND (Anm. 40), 24 f. kommt zu dem Ergebnis, daß die Verhältnisse z.Zt. Kyrills, d.h. der Katechesen, nicht anders waren, als sie Egeria erleben sollte. Arm. enthält die Liste von 19 Lesungen, die den Texten entsprechen, die den Katechesen Kyrills vorangestellt sind; nur der 19. Lesung entspricht keine der Katechesen aus der Jahrhundertmitte; der Text 1 Tim. 3, 14-16 wird aber in cat. 18,25 zitiert. Das Lektionar nennt auch den Ort nicht, an dem „die, die sich darauf vorbereiten, die Taufe zu empfangen", unterwiesen werden, XLII (p. 95 übers. RENOUX). Zum ganzen vgl. A. RENOUX, Les lectures quadragésimales du rite arménien,

Die Schilderung Kyrills in der Jahrhundertmitte entspricht noch bis fast in den Wortlaut hinein dem Bericht Eusebs in seiner *Vita Constantini,* den der Jerusalemer Katechet sicher kannte. Euseb schloß seine Darstellung aller Bauten Konstantins am Heiligen Grab mit den Sätzen: „Dies Gotteshaus nun ließ der Kaiser aufrichten als klares Zeugnis (μαρτύριον) der heilbringenden Auferstehung, leuchtend in reichem und kaiserlichem Glanz, und er schmückte es mit einer unerhörten Pracht und Gaben, mit Gold, Silber und vielen Arten kostbarer Steine."[47] Euseb und Kyrill kennen nur eine Basilika als „Martyrium" der Auferstehung. Aber für Kyrill ist dieser Bau zugleich die Golgota-Kirche. Das zeigt über das Zitat aus 14, 6 hinaus unbestreitbar die 13. Katechese mit ihren mehrfach wiederholten Hinweisen darauf, daß Lehrer und Hörer eben bei diesem Felsen versammelt seien[48]. Dieser einen Basilika sind also für Kyrill Golgota und das Grab des Herrn zugeordnet[49], sie ist Memorialstätte für Kreuz und Auferstehung Christi. Diese katechetische Aussage weist auf eine Bauphase, in der es erst eine Basilika gibt.

Ehe dies näher expliziert und dabei noch einmal überprüft wird, sei als Zwischenbemerkung eingefügt, daß das Stichwort μαρτύριον, genauer σωτήριον μαρτύριον in Verbindung mit den Bauten Konstantins am heiligen Grab bereits und zuerst in einem Schreiben der Synode begegnet, die aus Anlaß der Einweihungsfeierlichkeiten 335 in Jerusalem zusammentrat[50]. Es besteht kein Anlaß, das Wort hier anders zu verstehen als im Sprachgebrauch Eusebs und des Katecheten Kyrill. Allerdings hat sich dann offenbar die diesem Wort gegebene Sinndeutung von 335 bis 383 gewandelt, noch während der Amtszeit Kyrills als Bischof, wenn man die Angaben Egerias nicht als Echo auf eine unautorisierte Fremdenführer-Etymologie abtun will – doch auch in diesem Falle würden be-

Revue des Études Arméniennes V (1968), 231–247. Die Mystagogischen Katechesen in der Osterwoche fanden dagegen nach Egeria und Arm. in der Anastasisrotunde statt; wo sie in der Jahrhundertmitte gehalten wurden, ist ein eigenes Problem.

47 vit. Const. 3,40: τόνδε μὲν οὖν τὸν νεὼν σωτηρίου ἀναστάσεως ἐναργὲς ἀνίστη μαρτύριον βασιλεύς, πλουσίᾳ καὶ βασιλικῇ κατασκευῇ τὸν συμπάντα καταφαιδρονάς ... (p. 101, 1f. ed. F. WINKELMANN in GCS Eusebius Werke I 1 [Berlin 1975]). Zu diesem Sprachgebrauch vgl. auch comm. in Is. 91 zu Jes 27,11b: διὸ ταῖς γυναιξὶ παρακελεύεται ἥκειν καὶ σπεύδειν εἰς μαρτυρίαν ἀπὸ θεᾶς τῶν παραδόξων καὶ θαυμαστῶν ἔργων ... (p. 177, 7f. ed. J. ZIEGLER in GCS Eusebius Werke IX [Berlin 1975]).

48 13,4 (p. 54 ed. REISCHL-RUPP); 22 (p. 80); 23 (p. 82); 26 (p. 86); 28 (p. 102).

49 Zu einem anderen Ergebnis kam WISTRAND (Anm. 40), 10 in Auseinandersetzung mit DYGGVE und vor allem A. GRABAR (vgl. Anm. 102), allerdings unter Berufung auf Euseb. Für Kyrill gilt aber, was GRABAR – allerdings aufgrund einer überholten archäologischen Rekonstruktion – annahm und WISTRAND korrekt referiert, nämlich „daß der Konstantinische Bau als monumentale Umrahmung von zwei heiligen Christusreliquien diente". Für Kyrill müßte man hier allerdings noch die Reliquie des Hl. Kreuzes gesondert nennen.

50 Athanasios, apol. sec. 84,2 (AW II, p. 162, 33 ed. OPITZ); de syn. 21,3 (p. 247, 27 ed. OPITZ).

stimmte Gegebenheiten am Ausgang des 4. Jahrhunderts aufgenommen. Der Katechet in der Jahrhundertmitte verstand unter μαρτύριον das sichtbare Zeugnis für die doppelte Heilstat Christi; die Pilgerin Egeria setzt an sich bereits den technischen Gebrauch des Wortes für eine Kirche über einem Märtyrergrab voraus oder hat ihn im Orient kennengelernt[51]. Für die Jerusalemer sprachliche Differenzierung zwischen der ἀνάστασις und dem μαρτύριον war nun sicher der Fortgang der Bauten, also die Überkuppelung der Grabaedicula Voraussetzung. Die neue Deutung des Namens μαρτύριον, die Egeria überliefert, ist dabei aber doch nicht an der Spezialbedeutung als Grabbau, sondern am Leiden des Märtyrers orientiert[52]. Damit hat sich die konkrete Wortbedeutung gegenüber Euseb scharf von der Auferstehung auf das Kreuz verschoben.

Diese Beobachtung lenkt den Blick auf zwei bis jetzt noch nicht angesprochene Problemfelder, die - wie sich herausstellen wird - untereinander zusammenhängen: Daß die Basilika Konstantins zwei Memorialstätten zugeordnet war, entspricht den klaren Aussagen Kyrills, ist aber durch Euseb nicht gedeckt, der gemeinhin als unser wichtigster Zeuge für die kaiserlichen Bauten am Hl. Grabe gilt. Denn der Metropolit von Caesarea spricht in diesem ganzen Zusammenhang nirgends vom Golgotafelsen. Andererseits besteht auch noch keine Klarheit darüber, wie die Anbindung des Felsens an die Basilika genauer zu denken ist.

Beginnen wir mit dem archäologischen Problem. P. COÜASNON schrieb noch 1972: „Wie, so fragen wir uns, ist der Calvarienfels wirklich beschaffen? Er ist systematisch nie untersucht worden.“[53] Die Grabungen an der Ostseite von Golgota haben nun mehr als einen Zipfel dieses Geheimnisses gelüftet. Es läßt sich heute manches über die bizarre Gestalt des in sich nicht homogenen Felsbrokkens sagen, den die Steinbrucharbeiter offenbar stehen gelassen hatten, weil er ihnen zur Verarbeitung unbrauchbar schien, und der hier im Osten vom gewachsenen Fels etwa 12,50 m in die Höhe angestanden hätte, wenn die Oberfläche bis dahin freigelegt worden wäre[54]. Aber für die Anbindung Golgotas an die Konstantinskirche bestehen weiterhin verschiedene Rekonstruktionsmöglichkeiten[55]. Immerhin läßt sich Folgendes sagen: Bei den Sondierungen wurde das etwa 1,50 m breite Fundament des Westabschlusses der südlichen Seitenschiffe gefunden, die Mauer verläuft auf der Höhe des konstantinischen Fundamentes

51 Hierzu WISTRAND (Anm. 40), 12: „Der ursprüngliche Sinn ‚Zeugnis‘ ist noch lebendig.“
52 Vgl. VERMEER (Anm. 14), 118-120.
53 S. 39 aus dem Englischen ins Deutsche übersetzt.
54 BAGATTI (Anm. 30), 35; CORBO I (Anm. 4), 92-95.
55 Das gilt auch, wenn man die Hypothese COÜASNONS einer eigenen Kreuzkirche südlich des Felsens nicht weiter verfolgt.

etwa 3½ m vom Felsen entfernt[56]. Dort, wo in der Verlängerung nach Norden der Abschluß der nördlichen Seitenschiffe zu erwarten ist, konnte nicht gegraben werden. Aus diesem Mauerzug ragt als ein nach Westen rechteckig abschließender Block das Fundament der Apsis im Mittelschiff heraus, dessen nordwestlicher Teil unter dem griechischen Katholikon gefunden worden ist[57]. In den Westabschluß des Apsisblocks eingebunden verläuft im Norden ein Mauerzug in nord-südlicher Richtung, parallel zum - anzunehmenden - Westabschluß der Seitenschiffe. Auf ihr muß der östliche Portikus mit seiner Rückseite aufgeruht haben, sei es als geschlossene Wand, sei es durch eine weitere Säulenreihe[58]. In jedem Fall entstand so zwischen den beiden Fundamentmauern, dem Apsisblock im Süden und der Verlängerung der Nordwand der Basilika ein rechteckiger Raum von etwa 11 × 4 m, der den beiden Nordschiffen westlich vorgelagert ist und durch den eine der Treppen aus der Basilika in den Hof geführt haben muß[59]. Über seine Verwendung wissen wir nichts; hatte der Portikus im Osten eine geschlossene Rückwand, dann wird der Raum das Niveau der Basilika gehabt haben; standen auf der Fundamentmauer Säulen, dann wird auch der rückwärtige Raum das Niveau des Hofes gehabt haben. Komplizierter ist die Frage, ob diese Anlage ein Gegenstück im Süden hatte, denn der Ostportikus führte hier direkt auf den Golgotafelsen zu. Auf einer möglichen Verlängerung des rückwärtigen Fundamentes dieses Portikus südlich des Apsisblocks stehen die beiden östlichen Pfeiler der Einrahmung Golgotas durch Modestos. Die heutige Mauer zwischen diesen Pfeilern, die auf dem Felsen aufruht, entstand im 11. Jahrhundert[60]. In diesem Bereich östlich der Modestospfeiler und westlich der

56 Diese Mauer wird auf den Plänen von KATSIMBINIS mit a bezeichnet, bei CORBO II (Anm. 4), Tav. 40 und 41 mit M (in der von KATSIMBINIS übernommenen Tav. 43 sind dessen Bezeichnungen stehen geblieben). DIEZ hatte die Mauer nur vage als „römisch" bezeichnet. Sie ruht etwa 9 m unter dem Niveau der konstantinischen Basilika auf dem gewachsenen Fels auf. Die Maßangaben sind den Plänen von KATSIMBINIS entnommen, vgl. auch CORBO III (Anm. 4), Nr. 95. 96. 98.

57 Vgl. CORBO II (Anm. 4), Tav. 3 und die vorzüglichen Fotos III, Nr. 87-90.

58 Die rückwärtige Fundamentmauer ist aber ebenso breit wie die westliche Abschlußmauer der Basilika und unterscheidet sich deutlich von schmaleren Stylobaten westlich, auf dem übrigens noch eine Säulenbase in situ gefunden wurde, vgl. CORBO III (Anm. 4), Nr. 89. Das spricht für eine geschlossene Mauer.

59 Vgl. CORBO II (Anm. 4), Tav. 3, Nr. 301; die SW-Ecke des Raumes ist auf den in Anm. 57 genannten Fotos klar zu erkennen.

60 CORBO II (Anm. 4), Tav. 45. Das entspricht dem Blick auf Golgota aus dem korridorartigen Gang ostwärts der Adamskapelle im griechischen Bereich der Grabeskirche, der fast genau über dem ersten Südschiff der Konstantinsbasilika liegt. Während der Restaurationsarbeiten 1972/74 war hier vorübergehend die den Felsen abdeckende Mauer entfernt worden; das könnte der Situation im Raum *post Crucem* des Konstantinsbaus entsprochen haben. COÜASNON, Pl. XXI hat so rekonstruiert, daß die Mauer auf der Höhe des Westabschlusses des Apsisblocks auch im Süden von Golgota wieder erscheint, zwischen Apsis und Fels setzt er eine Treppe an. CORBO II (Anm. 4), Tav. 3 läßt alles offen.

Abschlußmauer der Basilika muß aber das *post Crucem* Egerias liegen. Ob die Restauration des Modestos das Raumprogramm Konstantins östlich des Golgotafelsens verändert oder erneuert hat, ist archäologisch bis jetzt nicht zu entscheiden, hier muß ein neues Durchmustern der literarischen Quellen weiterführen. Ferner wird es notwendig sein, die uns hier leitende Fragestellung und das Resultat einer Auswertung der Pilgerberichte zu den Ergebnissen der Grabung an der Ostseite des Felsens in Beziehung zu setzen. Sie wurde im Nordteil des umschriebenen Areals möglich, das rein rechnerisch etwa dieselben Ausmaße hat wie der im Grundriß nachweisbare analoge Raum im Norden. Abgesehen von der konstantinischen Fundamentmauer im Osten sind Abgrenzungen aber nicht festgestellt, bzw. nicht erreicht worden[61].

In diesen Raum müssen die beiden Zugänge geführt haben, von denen Egeria bei der Schilderung der Kreuzverehrung am Karfreitag schreibt: Jeder einzelne zog in der langen Prozession vorbei an dem - sicher schmalen - Tisch, auf dem die Reliquien aufgestellt waren, und hinter dem der Bischof, auf seiner Kathedra sitzend, das Hl. Kreuz zum Kuß anbot; „durch die eine Tür tritt man ein, durch eine andere geht man hinaus“[62]. Einer dieser Zugänge wird letztlich in den südlichen Portikus geführt haben; wo die Treppe genau lag, könnte eine künftige Grabung südlich des jetzt explorierten Areals vielleicht noch klären. Vom Mittelschiff der Basilika war der Bereich auch zugänglich - das ergibt sich aus Egerias Bericht über Gründonnerstag. Schließlich wird durch diesen Korridor, wohl in Apsisnähe, auch einer der Treppenaufgänge aus dem Hof in die Basilika geführt haben; vielleicht war dies die zweite der für Karfreitag von Egeria genannten Türen. Dabei ist jetzt vorausgesetzt, daß der Bereich *post Crucem* auf dem Niveau der Basilika, nicht des Portikus lag, nur so scheint mir insbesondere der Bericht dieser Pilgerin über die zweite Gründonnerstags-Kommunion verständlich; ein weiteres - entscheidendes - Argument hierfür wird noch zu nennen sein. Dann spricht viel dafür, daß die Verbindung zwischen diesem Raum und

61 Als solche Abgrenzung ist sicher nicht die ebenfalls konstantinische Mauer zu werten, die in etwa 2 m Entfernung von dem westlichen Abschluß des Südschiffes unter einem nach Osten vorspringenden Teil des Felsens verläuft, noch unter dem Niveau des Hofes und des Portikus. Sie wird von CORBO einleuchtend mit technischen Erfordernissen erklärt: um die tiefe Fundamentmauer setzen zu können, mußten die Baumeister Konstantins den bis zum Felsgrund ausgehobenen Graben abstützen; die Situation am Golgotafelsen war anscheinend so brüchig oder so delikat, daß er von unten gesichert wurde. Insofern ist die Angabe bei BAGATTI (Anm. 30), Tav. 2 mißverständlich, der Korridor zwischen den beiden Mauern sei das *post Crucem* der byzantinischen Zeit; dazu hätte eine Tiefe von ca. 2 m nicht ausgereicht, und es gibt keine Anzeichen dafür, daß der Mauerzug unter einem Vorsprung des Golgotafelsens Fundament einer anderen Mauer gewesen wäre.

62 37,3 ... *per unum ostium intrans, per alterum perexiens* ... (p. 81, 27 f. ed. FRANCESCHINI-WEBER; p. 88, 28 ff. ed. GEYER).

den Südschiffen der Basilika damals nicht durch eine geschlossene Mauer unterbrochen war. Wie weit der Fels hier noch sichtbar war, hängt von der westlichen Begrenzung des Raumes ab[63].

Dann bleibt seine Verwendung zu klären, nachdem die Gottesdienste im 5. Jahrhundert auf die Westseite abgewandert waren, und sein Verhältnis zu dem in späteren griechischen Texten genannten Ort ὀπίσω τοῦ ἁγίου κρανίου sowie den Kammern der Pilgerberichte, in denen Reliquien, einschließlich der von Egeria gesehenen, aufbewahrt wurden. In der Zeichnung Arkulfs erscheint ein solcher Raum, *exedra* genannt, geradezu als eigene Kapelle zwischen Golgota und der Basilika[64]. Hier zeigte man dem Pilger aus Gallien hinter dem Gitter eines Schreins den Abendmahlskelch Christi samt dem Schwamm, mit dem er am Kreuz getränkt wurde (I 7). Diese Reliquien bilden auch sonst eine Gruppe, vermehrt um das Rohr, auf das der Schwamm gesteckt war. Vor dem Persersturm wurden sie in einer Kammer (*cubiculum*) östlich der Basilika, im Atrium, aufbewahrt und gezeigt[65]. Die Funktion dieser Reliquienkammer hat im Modestosbau später offenbar die *exedra* Arkulfs übernommen. Das bestätigt noch die Reisebeschreibung unter dem Namen des Mönchs Epiphanios aus dem 8. Jahrhundert. Sie lokalisiert diese Kapelle über der Tür vom Josefsgarten in den Konstantinsbau[66]. Das legt eine Gleichsetzung mit dem Raum „hinter dem Kreuz" Egerias nahe. Modestos hatte offenbar die bauliche Situation nicht grundlegend verändert. Auch die genannte Kapelle ὀπίσω τοῦ ἁγίου κρανίου meint dann wohl den gleichen Ort[67]; sie führte auch den Namen νικητήριος ἡ ἀγγελική.

63 Wenn P. COÜASNON davon ausging, daß der Calvarienberg zumindest bis ins 7. Jh. nur von Osten verehrt worden ist – "It cannot have been until after the seventh century, and almost certainly in the eleventh, that the rock of Calvary was worshipped from the western side" (S. 39) –, dann muß er damit gerechnet haben, daß der Fels in die Basilika hineingeragt hat; das gilt unabhängig davon, ob man dem Urteil des zitierten Satzes zustimmt. CORBO, LA 29 (Anm. 4), schrieb 1979: „Secondo me il fianco sud dell'apside va effectivamente a toccare il Calvario" (S. 289, Anm. 4); in dem späteren großen Werk von 1982 (ebenfalls Anm. 4) wird das Thema für die konstantinische Zeit nicht deutlich erörtert. Aber unter Modestos wird die Situation für P. CORBO klar: „I quattro pilastri" – die den Felsen nunmehr einrahmen – „erano isolati e perceò la capella di Modesto era aperta sui quattro lati" (S. 99); die Verbindung mit der Basilika wird durch den nordöstlichen Pfeiler hergestellt, der sich an den Apsisblock anlehnt. Die Pilgerberichte zwingen allerdings nicht zur Annahme einer so radikalen Veränderung. Schließt der archäologische Befund wirklich den Fortbestand – oder besser die Erneuerung – einer Kapelle hinter Golgota auf dem Niveau der Kirche aus?

64 S. Anm. 34.

65 Ausdrücklich sagt dies nur der Pilger aus Piacenza 20, aber auch der Breviarius 3 nach A läßt sich so verstehen, vgl. DONNER, Pilgerfahrt, 235 f., Anm. 19.

66 I 15 f. (p. 67 ed. DONNER), vgl. Anm. 35. Zu den Reliquien gehörten weiter Rohr und Schwamm; der Kelch ist nun dem Passionsgedenken eingeordnet, aus ihm trank Christus Essig und Galle; anderes ist hinzugekommen, so die Hl. Lanze.

67 Dazu und zum Folgenden vgl. K. SCHMALTZ (Anm. 1), 64.

Woher die Bezeichnung Engelskapelle stammt, weiß ich nicht; der Sieg, dessen Gedächtnis sie festhält, dürfte die Rückführung (der Reste) des Hl. Kreuzes durch Kaiser Heraklios 631 gewesen sein. Denn anscheinend ist die Kreuzreliquie während der kurzen Zeit bis zu ihrer Überführung nach Konstantinopel 633 hier aufbewahrt worden, wo sie sich in den Tagen Egerias schon einmal befand. Auf diesen Ort „hinter dem Kreuz" ist deshalb auch die Strophe zu beziehen, in der Patriarch Sophronios in seinem schon genannten Hymnus die Verehrung des „herrlichen, göttlichen Holzes" besingt[68]. „Rohr, Schwamm und Lanze" befanden sich damals noch in der alten Reliquienkammer im Atrium[69]. Vor dem Raub durch die Perser war im 6. Jahrhundert dort auch das Hl. Kreuz aufbewahrt worden[70]. Vielleicht hat erst die Überführung des Kreuzes in die Reichshauptstadt den Anlaß gegeben, nun die anderen genannten Passionsreliquien in die Kapelle „hinter dem Kreuz" oder „hinter der Schädelstätte" zu bringen. Wann die Kreuzreliquie in das Atrium gewandert war, ob erst im 6. Jahrhundert oder schon früher, wissen wir nicht. Für die Funktion der Kapelle westlich des Südschiffes der Basilika in der Zwischenzeit lassen sich nur Vermutungen anstellen[71].

68 Hymn. 19, 35–38 = 0 (p. 13/24 ed. DONNER). Schon SCHMALTZ hatte dies vermutet.

69 So 19, 47–50 3 M; vgl. den Kommentar DONNER, 46.

70 Breviarius c. 1 (p. 109, 6–10 ed. WEBER; p. 153 ed. GEYER); Pilger von Piacenza 20 (p. 139, 12–16; 164, 20–24 ed. GEYER in CChL 175; p. 172; 204 in CSEL 39); vgl. im übrigen die einschlägigen Anm. bei DONNER, Pilgerfahrt.

71 Ob sich hier die Versammlung der Äbte der palästinensischen Klöster 515 im Zusammenhang des christologischen Streites lokalisieren läßt, von der Theodor von Petra in seinem Enkomion auf Theodosios berichtet (p. 70f. ed. H. USENER, Der hl. Theodosius. Schriften des Theodorus und Kyrillos [Leipzig 1890; Nachdr. Hildesheim 1975]), wie es SCHMALTZ, 63 annimmt, ist schwer zu beurteilen. Zu den geschichtlichen Vorgängen vgl. E. SCHWARTZ, Kyrillos von Skythopolis (TU 49,2; Leipzig 1939), 383–387. Im Unterschied zur Massenversammlung der Kämpfer für das Chalcedonense in der Stephanusbasilika 516 (vit. s. Sabae 56, p. 151, 19) ging es 515 offenbar um eine interne Besprechung ἐν τῷ ἱερατείῳ … τῷ ὑπὸ Κονσταντίνου τοῦ μεγάλου κατασκευασθέντι βασιλέως, ἐν ᾧ εἰς ὕψος αἴρεσθαι κατ' ἔτος ὁ τίμιος εἰώθει σταυρός (p. 7i, e, f.) – doch ist dies zunächst noch keine brauchbare Ortsangabe, sondern vermutlich eher ein Hinweis auf das Datum: zum Kirchweihfest, dem Fest der Kreuzerhebung am 13. 9., kamen die Asketen nach Jerusalem in die Kirche Konstantins (vgl. vit. s. Sabae 35, p. 121, 14f. ed. SCHWARTZ, und schon Egeria 49,1, p. 89, 1ff. ed. FRANCESCHINI-WEBER; p. 100, 15ff. ed. GEYER). Die Lokalität wird erst dort angesprochen, wo es heißt, daß eine Kranke durch die sogen. Engelspforte (διὰ τῆς ἀγγελικῆς οὕτω λεγομένης πύλης) an Abt Theodosios herantritt und von ihm geheilt wird. Wenn diese Engelspforte etwas mit der später so benannten νικητήριος ἡ ἀγγελική zu tun haben sollte, dann könnten die Mönchsväter in der Tat *post Crucem* getagt haben. Im späteren 6. Jh. wurde das Hl. Kreuz anscheinend im östlichen Atrium aufbewahrt und ausgestellt. Aber selbst wenn es 515 seinen normalen Platz noch im Westen hinter dem Felsen gehabt haben sollte, an diesem Tag war es ausgestellt und man konnte in diesem Raum ungestört zusammenkommen. Die Engelspforte wäre dann einer der Aufgänge aus dem Hof bzw. Portikus

Die Auswertung der literarischen Quellen hat ergeben, daß das von Egeria vorausgesetzte Raumprogramm prinzipiell bis zur Zerstörung des Konstantinbaus unter Ḥākim unverändert blieb. Erst die Restauration unter Konstantin IX. Monomachos im 11. Jahrhundert kennt keine Kapelle an der Ostseite des Golgotafelsens mehr. Arkulf ist noch den gleichen Weg gegangen, den wir aus der Beschreibung Egerias erschlossen haben, wenn auch vielleicht in umgekehrter Richtung: südlich von Golgota in die Kirche, durch den Raum *post Crucem*, dann in die Basilika. Daß bei ihm die *exedra* als eigener Baukörper erscheint, erklärt sich dann am einfachsten, wenn jetzt die ursprünglich offene Verbindung zur Basilika geschlossen worden war, aber das kann bereits lange vor Modestos geschehen sein[72].

Das sachliche Verständnis dieser von Egeria beschriebenen Einbindung Golgotas in das Martyrium Konstantins ist nun in entscheidender Weise durch die neuen Grabungen gefördert worden. Überraschenderweise kam nämlich bei den Sondierungsarbeiten an der Ostflanke des Felsens eine Höhle zutage, deren Boden etwas unter dem Niveau der heutigen Adamskapelle liegt, über 3 m unter dem Fußboden der konstantinischen Basilika. Sie ist unregelmäßig geformt, etwa 2 m tief und 2 m hoch, und zeigt deutliche Bearbeitungsspuren, die zumindest teilweise aus konstantinischer Zeit stammen werden. Besonders auffällig ist, daß der Fels links vom Eingang der Grotte so zubehauen wurde, daß er eine etwa polygonale Form erhielt[73]. Darüber, ob diese Höhle natürlichen Ursprungs ist oder durch Menschenhand ausgehauen wurde, gehen die Meinungen bereits auseinander. BELLARMINO BAGATTI entwickelte die These, daß diese Grotte von Judenchristen als Ort des Grabes Adams verehrt worden sei, deshalb wäre sie unter Hadrian im Zuge seiner allgemeinen Religionspolitik gegenüber Juden und Christen in eine Venuskultstätte umgewandelt worden. In diesem Bereich habe man die Marmorstatue der Gottheit zu suchen, die, eine syrische Astarte

in die Basilika, von denen schon Egeria schrieb. Da Epiphanios mon.hag. ein Tor unter einer Reliquienkammer zwischen Gefängnis Christi und Calvarienberg nennt, vgl. Anm. 35, könnte die Engelspforte etwa dort gelegen haben, wo seit 1810 wieder eine Treppe aus dem Chorumgang westlich der Kapelle der Dornenkrönung in den Raum hinter den Golgotafelsen führt. Dagegen spricht, daß der NW-Pfeiler der Adamskapelle des Modestos so dicht am Apsisblock lag, daß für eine Tür mit Treppe kein Platz mehr war. Dann könnte Epiphanios nur den Aufgang in die Nordschiffe der Basilika gemeint haben, wir hätten dann mit einer zweiten Reliquenkammer östlich des Hofes zu rechnen. Hier bleiben Fragen offen. Auch daß dieVersammlung 515 in Egerias Kapelle *post Crucem* stattgefunden hätte, ist ja nur eine Möglichkeit, allerdings eine wahrscheinliche.

72 CORBO muß anders rekonstruieren, er rechnet mit einem Neubau der *exedra* durch Modestos.

73 KATSIMBINIS (Anm. 3), 215f., pl. C; B. BAGATTI in Il Golgota e la Croce (Anm. 6), bes. 35f.; CORBO I (Anm. 4), 96f. 100f. Die Pläne KATSIMBINIS werden von BAGATTI und CORBO, z.T. modifiziert, reproduziert, vgl. bes. CORBO II, Tav. 40 und die Fotos III, Nr. 93 u. 94.

mit lateinischem Namen, auch in orgiastischen Formen verehrt worden ist. Jedenfalls berichtet Hieronymus, eine solche Venusstatue habe *in rupe Crucis* gestanden (ep. 58, 3, 5). Die heidenchristliche Gemeinde Jerusalems, für die Konstantin die Grabeskirche habe bauen lassen, habe auf diese ursprünglich judenchristliche Tradition bewußt nicht zurückgegriffen. Die Erinnerung an die alte Kultstätte ging verloren, unter Modestos ist dann im Westen des Felsens in der Adamskapelle eine neue Memorialstätte entstanden, als die Legende vom Grabe Adams auch in der Großkirche rezipiert worden war[74]. CORBO ließ die Frage einer möglichen judenchristlichen Kultstätte am Golgotafelsen offen, hat aber sonst scharf widersprochen: Die Anlage sei gänzlich konstantinisch, die Höhle ein Kunstprodukt, von einer paganen Verehrung im 2. oder 3. Jahrhundert könne keine Rede sein, einmal seien keine Belege eines solchen Kultes zu Tage gekommen, zum anderen und vor allem sei zumindest dieser Teil des Golgotafelsens unter dem römischen Forum verschüttet und unzugänglich gewesen, das gehe eindeutig aus den Berichten Eusebs und des Hieronymus hervor[75]. Solche Klarheit ist gegenüber der mit vielen Hypothesen arbeitenden Gegenposition erfrischend, aber die Thesen bedürfen der Nachprüfung.

Archäologische Argumente im engeren Sinne für eine Datierung der Anlage werden von beiden Seiten nicht vorgebracht[76], abgesehen von den überzeugenden Hinweisen CORBOs auf die technischen Erfordernisse beim Bau der Basilika, die Konstantins Baumeister gezwungen hätten, auch Eingriffe am Fels vorzunehmen. Doch damit wird nicht die Entstehung einer derartigen Grotte verständlich. Wenn der polygonal zugehauene Vorsprung des Golgotafelsens, der durch Steinsetzungen von unten gestützt wird, diese Gestalt im 4. Jahrhundert erhalten hat, dann muß zumindest geplant gewesen sein, den Fels hier im Osten zugänglich zu halten. Das wäre auch durchaus realisierbar gewesen, wenn man das Areal *post Crucem* auf das Niveau des Hofes und des Portikus gebracht hätte - so wie CORBO die Situation unter Modestos beschreibt[77]. Aber für die konstantinische Anlage ist das kaum vorstellbar; denn der enge, auf dieser Höhe nur reichlich 2½ m breite Platz unter freiem Himmel zwischen der meterhoch aufragenden Westwand der Basilika und dem schräg ansteigenden Felsen bot

74 B. BAGATTI, Il Golgota e la Croce (Anm. 6), 23-67, hier bes. 31-40; vgl. auch hier Anm. 23.

75 CORBO I (Anm. 4), 33-37. 92-97. 100f.

76 Bei den Grabungen wurde auch ein zylindrisch geformtes keramisches Gebilde gefunden, offenbar ein Ofen. BAGATTI erwog die Möglichkeit, es als Gefäß zur Verbrennung von Weihrauch oder anderer wohlriechender Stoffe zu sehen. Schon die Lage in einer konstantinischen Auffüllung schließt aber eigentlich aus, das Gerät der hadrianischen Anlage zuzuordnen, so überzeugend CORBO. Diese ganze Diskussion kann aber kaum als ein ernsthafter Streit um eine archäologische Begründung gewertet werden.

77 Vgl. Anm. 71.

kaum Raum für die von Egeria beschriebenen Gottesdienste. Im 7. Jahrhundert waren diese Gottesdienste längst an die Westseite des Felsens abgewandert. Dennoch bleiben mir auch für diese Epoche Zweifel, das Durchmustern der Pilgerberichte hat keinen Anhalt dafür gegeben, einen so starken Eingriff in den Raum zwischen Felsen und Südschiffen der Basilika anzunehmen. Für das 4. Jahrhundert wäre eine solche Annahme mit den Schilderungen Egerias nicht zu vereinbaren, zudem ist es kaum anzunehmen, daß sie von der Grotte nichts berichtet hätte, wäre sie für sie sichtbar gewesen[78]. Wenn aber *post Crucem* auf dem Niveau der Basilika zu suchen ist, wie wir es bisher auch angenommen haben, dann waren Höhle und Polygon darunter verschüttet. In diesem Fall spricht aber alles dafür, daß sie eben einer historisch älteren Phase angehören, und das kann nur der pagane Kult der Aphrodite seit Hadrian gewesen sein. Damit treten aber auch die konstantinischen ‚Bearbeitungen' in ein neues Licht. Euseb schreibt ausführlich, der Kaiser habe angeordnet, der entweihte Platz solle gründlich purgiert werden, „wobei er glaubte, daß der von den Feinden (Gottes) besudelte Teil besonders behandelt werden müsse". So wurden die Plätze des Irrtums mit den Statuen, wo die Dämonen hausten, völlig zerstört (vita Constantini = VC III 26, 6f.). Alle Überreste dieser Aktion sollten weit fortgeschafft werden, selbst die Erde war abzugraben und zu entfernen (III 27). Nun, so radikal sind die Baumeister Konstantins anscheinend nicht verfahren, das belegen gerade CORBOs Nachweise und Thesen über die Wiederverwendung hadrianischer Bauelemente in der Grabeskirche[79]. Aber daß nach solcher Behandlung am Golgotafelsen keine eindeutigen Belege für den Venuskult mehr zu finden waren, sollte nicht überraschen. Zwar nennt Euseb in diesem ganzen Zusammenhang den Golgotafelsen nicht - darauf ist zurückzukommen -, aber konkret muß er doch gerade diese pagane Kultstätte im Auge gehabt haben. Es war der unzüchtige Aphroditenkult, der den Christen als viel schändlicher erschienen war als der Zeustempel oder - nach CORBO - das Capitolium hoch über dem ja gar nicht selbst betroffenen Grab. Man wird auch verstehen, daß nun verschiedene Stützungsmaßnahmen am Felsen erforderlich waren, was CORBOs Sicht nur bestätigen könnte, daß diese Sicherungsmauern teils in der Höhle, teils außen, konstantinisch sind. Es bleibt das Argument, der Felsen sei zwischen Hadrian und Konstantin verschüttet, zumindest auf diesem Niveau nicht zugänglich gewesen. Das läßt sich aber bei genauerem Zusehen keinem der beiden literarischen Gewährsleute entnehmen, denn Euseb spricht eben nur vom Grab, und das mußte in der

78 Das entspricht der eigenen Sicht CORBOs; mir ist allerdings nicht deutlich geworden, welche Konsequenzen er daraus zieht.

79 Vgl. z.B. CORBO I (Anm. 4), 69ff. 111f.

Tat erst freigelegt werden, Hieronymus ist ganz unergiebig[80]. Dagegen hat BAGATTI einen bisher nicht beachteten Rufin-Text herangezogen, der klar davon ausgeht, Christen hätten auch nach Hadrian die Möglichkeit gehabt, Golgota zu besuchen[81]. Es ist also auf jeden Fall damit zu rechnen, daß zumindest ein Teil des Felsens auch über dem römischen Forum sichtbar anstand. Aber nun geht es nicht um die Spitze, sondern die tief gelegene Höhle. Die Verehrung der Venus-Aphrodite-Astarte in einer unterirdischen Grotte wäre nichts Ungewöhnliches. Daß bei den Sondierungen östlich des Golgotafelsens keine Hinweise auf einen Zugang gefunden wurden, kann mit den genannten Eingriffen Konstantins zusammenhängen, aber auch damit, daß eine Grabung nur in einem sehr begrenzten Gebiet möglich gewesen ist.

Das Thema einer archaischen judenchristlichen Verehrung des Adamgrabes am Golgotafelsen mag zunächst beiseitebleiben - wir müssen uns noch ausführlich damit befassen. Aber mir scheint, es ist für das Verständnis der Gesamtanlage Konstantins und des Platzes *post Crucem* davon auszugehen, daß hier der Ort des literarisch ja längst bekannten Venus-Kultes gelegen hat und daß die Grotte der Verehrung bei den Grabungen ostwärts des Felsens wiedergefunden wurde.

Im Kirchenbau Konstantins ist nun umgekehrt die alte Kultstätte der Astarte verschüttet und völlig überbaut worden. Die Anbindung des Golgotafelsens an die Basilika hatte - wie wir nun sehen - also nicht nur den Sinn, die Memorialstätte des Kreuzes Christi einzubeziehen, sondern auch falschen Gottesdienst an diesem Ort zu unterbinden und jeden Zugang zu einer nach Hieronymus 180 Jahre hindurch von der überwiegenden Mehrheit der Bevölkerung Aelias hochverehrten Kultstätte zu verwehren. Der Niveauunterschied zwischen der West-

80 Ich zitiere den schon mehrfach herangezogenen Brief an Paulinus aus dem Jahre 395: *Ab Adriani temporibus usque ad imperium Constantini per annos circiter centum octoginta in loco resurrectionis simulacrum Iovis, in Crucis rupe statua ex marmore Veneris a gentilibus posita colebatur, aestimantibus persecutionis auctoribus quod tollerent nobis fidem resurrectionis et crucis, si loca sancta per idola polluissent,* ep. 58,3,5 (p. 531, 13ff. ed. HILBERG CSEL 54). Zur Vieldeutigkeit des *in rupe* vgl. hier Anm. 23.

81 Rufin, hist. eccl. X 7: ... *ab antiquis persecutoribus simulacrum in eo Veneris fuerat defixum, ut si quis Christianorum in loco illo Christum adorare voluisset, Venerem videret adorare. Et ob hoc infrequens et pene oblivioni datus fuerat locus* (p. 969, 16-18 ed. MOMMSEN in GCS Euseb 2,2; Leipzig 1908). Der Schluß, daß Rufin, der doch die örtlichen Verhältnisse ebenso kannte wie Hieronymus, so nicht hätte schreiben können, wäre der Fels unzugänglich gewesen, ist nicht zwingend - zumal er anschließend die Helenalegende kritiklos referiert -, aber immerhin einleuchtend. Die von Rufin dem Märtyrer Lukian in den Mund gelegte und in Buch IX nach 6,3 seiner Übersetzung von Eusebs Kirchengeschichte eingeschobene Apologie ist dagegen nicht beweiskräftig (Text p. 815, 6-8 ed. MOMMSEN); „Lukian" vertritt hier die Theologie Kyrills von Fels und Grab als Zeugnis (*testimonium*) der Geschichtlichkeit des Kreuzes und der Auferstehung Christi.

seite und der Ostseite des Felsens hat damit überraschenderweise noch eine neue Bedeutung erhalten. Zugleich ist klar, daß der Raum *post Crucem* eben die Fußbodenhöhe der Basilika haben mußte; Säulenhof und Grab haben etwa das Niveau der Grotte. Es muß auch in der 2. Hälfte des 4. Jahrhunderts noch genügend Zeitgenossen gegeben haben, die den Sachverhalt kannten. Soweit sie Christen waren, müssen die Gottesdienste *post Crucem* für sie doch einen besonderen Akzent gehabt haben, sie feierten den Sieg des Gekreuzigten über die Dämonen. Das hat ja auch Kyrill seine Katechumenen im Angesicht des Felsens gelehrt: „Den Gekreuzigten verkündigen wir, vor dem Gekreuzigten zittern die Dämonen" (cat. 4, 13)[82]. Schon jetzt sei bemerkt, daß es hierzu vorzüglich paßt, wenn im 4. Jahrhundert in diesem Raum nicht nur die Kreuzreliquie aufbewahrt und gezeigt wurde, sondern auch der Ring Salomos, der ihn zum Herren über die Dämonen machte[83]. Pilgern wie Egeria brauchte man davon nichts zu erzählen. Im Laufe der Zeit ist auch in Jerusalem die Erinnerung geschwunden. Beim Wiederaufbau unter Modestos, wie in den Tagen der Kreuzfahrer ist man auf die alte Grotte gestoßen, ohne noch etwas von ihrer ursprünglichen Bedeutung zu wissen.

Damit kommen wir zum Bericht Eusebs. Er hat offenbar die Situation genau gekannt. In seinem Onomastikon der biblischen Ortsnamen hatte er Golgota noch angeführt und notiert, daß dieser Ort in Aelia nördlich des Zionsberges gezeigt würde[84]. Das entspricht dem Lageverhältnis zwischen dem Felsen beim Grabe und dem Südost-Hügel, dem Zion des Josephos und der Christen. Um so mehr muß es befremden, daß Euseb dann im Zusammenhang der Bauten Konstantins völlig von diesem Felsen schweigt. Ich habe früher die Vermutung geäußert, er sei es wohl gewesen, der die Anregung zur Freilegung des Grabes und zum Bau der Basilika an Konstantin herantrug. Das kaiserliche Schreiben an Bischof Makarios läßt zwar bei genauer Interpretation erkennen, daß Konstantin auch noch andere Gewährsmänner befragt haben muß. Denn er nennt das, was bei der Grabung zutage kam, „γνώρισμα des hochheiligen Leidens" unseres Erlösers (VC 3, 30, 1) und spricht von „jenem Ort, der schon von Anfang an nach dem Ratschluß Gottes geheiligt ward, doch noch heiliger geworden ist, seitdem er den Glauben (τὴν … πίστιν, das Glaubenszeugnis?) an das Leiden des Erlö-

82 Vgl. Anm. 46.
83 Näheres dazu S. 100ff.
84 p. 74, 19f. ed. KLOSTERMANN in GCS Euseb 3,1 (Leipzig 1904; Nachdr. Hildesheim 1966). Das Onomasticum ist älter als die *Vita Constantini,* da es Bischof Paulin von Tyrus gewidmet ist, der vor 336 starb.

sers ans Licht gebracht hat" (30, 4)[85]. Das scheint Kenntnis der alten Legende vom Adamsgrab zu verraten. Konstantin bezieht dies alles aber auf das Grab, kennt also auch nur eine Memorialstätte wie Euseb. Tatsächlich hat der Bischof von Jerusalem dann aber dafür gesorgt, daß die Memorialkirche nicht nur am Hl. Grab lag, sondern auch den Golgotafelsen einbezog. Wir stoßen hier auf eine deutliche Diskrepanz zwischen der kaiserlichen Weisung, die eben wohl der Bitte Eusebs folgte, und der Sicht der Jerusalemer Kirche[86].

Daß es sich hier um einen Unterschied zwischen Euseb und der Jerusalemer Tradition handelt, läßt sich noch breiter belegen. Anscheinend bezeichnet schon unser ältester literarischer Zeuge, der Pilger von Bordeaux, der 333, noch vor der Einweihung der Bauten, Jerusalem besuchte, die Anlage als Kirche an zwei Memorialstätten. Er schreibt: „Auf der linken Seite" – nämlich des Weges vom Zion zur Porta Neapolitana, dem heutigen Damaskustor; der Berichterstatter ging also auf dem Cardo Maximus[87], auf der Hauptstraße von Aelia Capitolina von Süden nach Norden – „ist der Hügel Golgota, wo der Herr gekreuzigt wurde. Von dort etwa einen Steinwurf weit entfernt ist eine Höhle, wo sein Leib beigesetzt worden war und am dritten Tag auferstand. Eben dort ist gerade auf Befehl des Kaisers Konstantin eine ‚Basilika' gebaut worden, d.h. ‚ein Haus des Herrn.'"[88]

85 Der Brief Konstantins an Bischof Makarios bei Euseb, VC 3, 30–32. Zum Verständnis: H. Kraft, Kaiser Konstantins religiöse Entwicklung (Tübingen 1955), 119–123. Nach der neuen archäologischen Einsicht wird man allerdings die aktive Beteiligung des Ortsbischofs höher einzuschätzen haben, als es aufgrund des Wortlautes des Briefes möglich schien. Wie Euseb spricht der Kaiser nur von einer Memorialstätte; daß Konstantin vom „Leiden", nicht der „Auferstehung" schreibt, ist bemerkenswert, aber damit konnte er auch das Grab meinen, so wie Euseb den Brief ja gedeutet hat. Sehr schwierig ist dagegen die Gegenüberstellung von ἐξ ἀρχῆς und ἀφ' οὗ; denn heiliger kann der Ort ja nicht durch die Ausgrabung geworden sein. Wenn aber ἀφ' οὗ auf die Passion Christi zu beziehen ist, dann verrät das Schreiben Konstantins vielleicht Kenntnis der alten Legende vom Adamsgrab auf Golgota, vgl. Anm. 156. Daß Dämonen den Ort des Kreuzes, an dem sie besiegt werden würden, schon längst kannten, schreibt auch das „Testament Salomos", ein Text, dessen christl. Fassung ins 3. Jh. zurückreicht und palästinensischer Herkunft zu sein scheint, vgl. XII, 3 (p. 42 ed. C.C. McCown, Leipzig 1922), weiter Anm. 221. Solche Überlieferungen weisen dann allerdings auf das Kreuz und nicht das Grab.

86 Die Anregung zu den Grabungs- und Bauarbeiten auf dem Forum von Aelia mögen von Euseb an Konstantin herangetragen worden sein, vgl. ZDPV 87 (1971), 100. Aber der archäologische Befund zwingt uns dazu, nicht nur zwischen der kaiserlichen Weisung und der konkreten Ausführung des Baus in Jerusalem zu differenzieren, sondern auch zwischen der Sicht Konstantins und der Theologie Eusebs. Das verstärkt noch die Isolierung des Gelehrten aus Cäsarea.

87 Neuere archäologische Untersuchungen im Jüdischen Viertel der Altstadt von Jerusalem haben ergeben, daß der Cardo Maximus in diesem Bereich erst in byzantinischer Zeit ausgebaut worden ist, vgl. D. Chen, Dating the Cardo Maximus in Jerusalem, PEQ 114 (1982), 43–44. Der Pilger ist also am Anfang des 4. Jh.s noch durch den Sand gegangen, vielleicht durch Kasernengelände.

88 593,4–594,3: *A sinistra autem parte est monticulus Golgotha, ubi Dominus crucifixus est. Inde quasi ad lapidem missum est cripta, ubi corpus eius positum fuit et tertia die resurrexit; ibidem modo iussu Constantini imperatoris basilica facta est, id est dominicum* … (p. 17 ed. Geyer-Cuntz in

Wie immer der Text im einzelnen zu deuten sein mag, jedenfalls zeigte man dem abendländischen Pilger Kreuzigungsstätte und Grab[89].

Die Zurückhaltung Eusebs gegenüber dem aufragenden Felsen als Golgota kann viele Ursachen haben[90]. Aber diese Gründe sind, wie der archäologische Befund und das erneute Durchmustern der literarischen Überlieferung zeigen, nur bei ihm und nicht auch in Jerusalem zu suchen. Daß die an diesem Felsen haftenden Traditionen ihm ein Greuel waren, reicht zur Erklärung nicht aus, die Jerusalemer Kirche ist mit diesem belastenden Erbe fertiggeworden, eben weil sie in Golgota die Erlösungskraft des Gekreuzigten bezeugt sah, die stärker ist als aller Dämonenkult. Für Euseb war letztlich offenbar doch nur das Grab, der Ort der Auferstehung, das er zur Höhle umstilisieren muß, als Zeugnis einer Theophanie zu verstehen, wie die Höhle in Bethlehem, wo der Herr geboren ist, und die Höhle der Himmelfahrt auf dem Ölberg[91], nicht das Kreuz.

CChL; vgl. p. 22,23–23,2 ed. GEYER). Man wird das *ibidem* nicht nur auf die *cripta,* sondern auch den *monticulus* zu beziehen haben, denn unter der *basilica* verstand der Pilger kaum nur die Grabädicula. Allerdings ist sie wohl zuerst fertiggestellt worden, und der Pilger kam noch vor der Einweihung 335. Das wirft noch einmal die Frage auf, wieweit die Baumeister von Anfang an nach festen Anweisungen vom Kaiser selbst arbeiten konnten und wie weit sie auf die lokale Situation Rücksicht nehmen mußten. Die Anweisungen Konstantins bezogen sich klar auf die Basilika, sie führt auch der Mann aus Bordeaux auf Konstantin zurück; eben dies hat die Jerusalemer Kirche immer festgehalten. Für die Beziehung der Basilika zu Grab und Fels – die man in allen Einzelheiten ja noch gar nicht kennen konnte, als der Befehl kam, das Forum aufzugraben – fiel wesentliche Entscheidungsvollmacht dem Bischof zu. Vgl. im übrigen WISTRAND (Anm. 40), 18–20 sowie WILKINSON, Egerias Travels, 158.

89 Ob man den *monticulus* mit dem Felskegel gleichsetzt – wofür alles spricht – oder mit dem ganzen „felsigen Terrain", auf dem die Kirche erbaut war, wozu WISTRAND neigt, ist für unsere jetzige Fragestellung nicht wesentlich. Der Widerspruch zwischen dem Pilger und Euseb bezieht sich auf die Zahl der Memorialstätten, wie immer sie ausgesehen haben mögen. Wenn man den *monticulus* auf den Felskegel bezieht, wird es wahrscheinlich, daß er 333 noch nicht in die eben noch nicht fertiggestellte Basilika einbezogen war. Der Pilger berichtet so wenig von der ganzen Anlage, daß man fragen kann, ob er überhaupt die Baustelle in allen Einzelheiten besichtigen durfte. Aber er hatte auch sehr spezielle Interessengebiete, darauf hat jetzt mit Recht H. DONNER hingewiesen: er ist so stark an Themen der alttestamentlichen Geschichte interessiert, daß man vermuten kann, er sei Judenchrist gewesen (Pilgerfahrt, 41 f.).

90 Damit nehme ich den Satz auf, den ich in meinem Aufsatz Festkalender und Memorialstätten Jerusalems in altkirchlicher Zeit, ZDPV 87 (1971), [167–205] 181 schrieb. Die dort geäußerte Vermutung, für dies Schweigen könnte es von Bedeutung gewesen sein, daß der Fels in dem eben beseitigten „Kult der Dämonen" eine Rolle gespielt haben mochte, erscheint jetzt in einem neuen Licht. Die mit Zurückhaltung von WISTRAND zur Debatte gestellte Erwägung, der Golgotafels könnte ursprünglich ein Omphalos gewesen sein – womit der schwedische Gelehrte an die alten, vieldiskutierten Thesen von HEISENBERG anknüpfte –, treffen für den Konstantinsbau nicht zu; denn der Fels stand nicht frei, im Atrium, sondern war in die Basilika eingebunden. Ob es Beziehungen zwischen syrischem Astarte(= Venus)-Kult und Omphalos-Vorstellungen gab, ist eine historisch nicht sehr ergiebige Spekulation, da wir über die Kultsituation im römischen Aelia Capitolina kaum etwas Sicheres wissen. Zu Golgota als Omphalos vgl. S. 92 ff.

91 Vgl. Euseb, LC 9,17.

Dafür spricht noch eine andere Beobachtung. Bischof Kyrill setzt in seinem bekannten Schreiben an Kaiser Constantius voraus, daß während der Regierungszeit des Vaters des Adressaten, Konstantins, in Jerusalem „das heilbringende Holz des Kreuzes" (τὸ σωτήριον τοῦ σταυροῦ ξύλον) gefunden worden sei (c. 3). Die früher entstandenen Katechesen berichten, kleine Partikel dieser Kreuzreliquie seien bereits in alle Welt verbreitet worden (13, 4). Die zuerst bei Ambrosius begegnende Kreuzauffindungslegende, die der Kaiserin-Mutter Helena eine wichtige Rolle zuschreibt, dürfte tatsächlich im Westen entstanden sein, auch wenn sie sich in verschiedenen Abwandlungen bald nach dem Osten verbreitet hat. Über ihren historischen Wert ist hier gewiß kein Wort zu verlieren[92]. Aber nach der offiziellen Sicht der Jerusalemer Kirche in den Jahren 348/51 ist dieses Holz, das als Rest des Kreuzes Christi angesehen wurde, unter Konstantin entdeckt worden, aller Wahrscheinlichkeit nach doch beim Bau der Basilika[93]. Konstantin starb 337, die feierliche Einweihung der Basilika, an der Euseb selbst teilnahm, fand 335 statt. Der Metropolit von Caesarea muß also von der Kreuzreliquie gewußt haben[94]. Aber er schweigt von ihr. Hierfür auf die

92 Vgl. hierzu J. STRAUBINGER, Die Kreuzauffindungslegende. Untersuchungen über ihre altchristlichen Fassungen, mit besonderer Berücksichtigung der syr. Texte (FChLDG 11,3; Paderborn 1912). Der älteste Beleg für die Erzählung, daß es die Kaiserinmutter Helena gewesen sei, die das Kreuz gefunden habe, ist Ambrosius von Mailand 395, vgl. dazu zuletzt W. STEIDLE, Die Leichenrede des Ambrosius für Kaiser Theodosius und die Helena-Legende, VC 32 (1978), 94–112. Eine kurze Quellenübersicht bei WILKINSON, Egerias Travels, 240f.

93 Egeria berichtet bereits, daß die Enkainien in Jerusalem mit dem Tag zusammenfielen, an dem das Kreuz gefunden wurde, c. 48, 1.2: *quoniam crux Domini inuenta est ipsa die ... ea dies esset, qua crux fuerat inuenta* (p. 89, 6f. 9 ed. FRANCESCHINI-WEBER; p. 100, 6f. 9 ed. GEYER). Wenn man den Tag beging, besser in das Kirchweihfest dies Gedenken mit einschloß, wird man auch den Ort gezeigt haben. Spätere Pilger nennen hierfür die Apsis der Basilika, so schreibt es der Breviarius c. 1 (p. 109, 13f. ed. WEBER; p. 153, 5f. ed. GEYER) Mitte des 6. Jh.s, und so sind wohl auch Theodosius c. 7 (p. 118, 4f. ed. GEYER in CChL; p. 141 in CSEL) und der Pilger aus Piacenza c. 20 (p. 139, 10 u. 164, 18 ed. GEYER in CChL; p. 172 u. 204 in CSEL) zu verstehen, vgl. Anm. 92. Keiner dieser Gewährsleute redet von einer Krypta. Andererseits scheint die Kreuzauffindungskapelle – im Unterschied zur St. Helena-Kapelle – nicht erst aus der Kreuzfahrerzeit zu stammen, sondern zum alten Konstantinsbau gehört zu haben, natürlich nicht als gottesdienstlich genutzter Raum. Nun liegt der heutige Zugang zur St. Helena-Kapelle im Bereich der Apsis des Konstantinsbaus. Hier müßte dann auch der alte Verbindungsgang zwischen der Kreuzauffindungsstelle und dem Kirchenbau darüber geendet haben, denn es gibt keinen anderen Gang aus diesem Raum nach oben. Dann ist die Hypothese möglich, daß der Tunnel von der Apsis zur Kreuzauffindungsstelle für Pilger verschlossen gehalten wurde.

94 Die einzige andere Möglichkeit wäre, daß diese Reliquie erst zwischen 337 oder der Abfassung der vit. Const. durch Euseb, der 340 starb, und etwa 350 aufgetaucht ist. Damit mutet man aber Kyrill, der wohl selbst aus Jerusalem oder der Umgebung dieser Stadt stammte, eine völlig überflüssige Täuschung des Kaisers zu. Es ist auch historisch viel leichter vorzustellen, daß damals, als man nach dem Grab und nach Golgota suchte, auch das Holz gefunden wurde, das man für den Rest des Kreuzes Christi hielt – beim Kreuz-Titulus kann dies allerdings kaum ohne Nachhilfe geschehen sein. Später hätte die Kreuzreliquie schwerlich auftauchen können, ohne ungeheures

gesunde Skepsis des Historikers zu verweisen, reicht kaum aus; bekanntlich ist Euseb unser ältester Gewährsmann für die edessenische Legende vom Briefwechsel Jesu mit dem Toparchen Abgar Ukkama (hist. eccl. = HE I 13). Welche Gründe den Bischof von Caesarea aber auch zu seinem Schweigen über die Kreuzesreliquie bewogen haben mögen, auch hier deckt sich seine Berichterstattung nicht mit der Sicht der Jerusalemer Kirche. In Jerusalem suchte man von Anfang an, schon 326, Zeugnisse nicht nur der Auferstehung Christi, sondern auch seines Sterbens am Kreuz.

Ehe wir nach der Herkunft dieser Jerusalemer Tradition fragen, ist noch eine andere Überlegung einzuschalten. Die Katechesen Kyrills sind unser wichtigster Beleg für die eine Basilika an zwei Memorialstätten. Aber wenn Egeria 383 die Rotunde über der Grabädicula bereits voraussetzt, muß sie während der Amtszeit Kyrills als Bischof errichtet worden sein. Ist damit nur der ursprüngliche Bauplan der konstantinischen Zeit zum Abschluß gekommen oder weist dies Weiterbauen auf eine neue Konzeption? P. COÜASNON gab offenbar der ersten der beiden Alternativen den Vorzug: „Man kann wohl glauben, daß nach Konstantins Gedanken die Rotunde das triumphale Mausoleum war, errichtet zum Gedenken an den Auferstandenen, den Gründer der Kirche“ (S. 36). Aber war die ursprüngliche konstantinische Anlage noch unfertig? Daß weder Euseb noch der Katechet Kyrill von weitergehenden Bauarbeiten schreiben, läßt sicher keine Rückschlüsse zu. Der archäologische Befund ist - wie schon berichtet - umstritten. Ich neige dazu, zumindest für die konkrete Ausführung der Erweiterung nicht primär die Baugesinnung Konstantins, sondern zumindest auch das Denken und Wollen der zweiten Jahrhunderthälfte heranzuziehen. Um so wichtiger werden die zeitgenössischen Analogien, die P. COÜASNON zur Gesamtanlage einschließlich der Rotunde findet. Er nennt vor allem das Mausoleum der Kaiserin Helena in Verbindung mit der Basilika SS. Petri et Marcelli in Rom und verweist - im Anschluß an ANDRÉ GRABAR - auf das antike Heroon „zum Ruhm des Gründers des neuen Jerusalem“. Es würde sich lohnen, Gemeinsamkeiten und Unterschiede schärfer zu prüfen[95] - eine der Hauptdifferenzen liegt

Aufsehen zu erregen; man denke an das breite Echo auf die Entdeckung der (angebl.) Gebeine des Hl. Stephanus 415 in der ganzen Christenheit! Anders argumentiert WISTRAND (Anm. 40), 28f. Aber es gibt auch Grenzen für die Legendenbildung. Kyrill hatte es als Katechet nicht mit schlichten Pilgern zu tun, sondern mit Einwohnern von Jerusalem, die selbst Zeugen des zurückliegenden Geschehens gewesen sein mochten. Daß dann noch vor der Wende zum 5. Jh. Helena mit der Kreuzauffindung zusammengebracht wurde, ist sehr viel leichter zu verstehen, gerade wenn diese Kombination im Westen entstanden sein sollte.

95 Ich hoffe, in einem späteren Abschnitt dieser Studien auf das Thema zurückkommen zu können. Ein festes Konzept für die Aufgabe, eine Kirche an einer Memorialstätte zu bauen, gab es naheliegenderweise zu Beginn der konstantinischen Zeit noch nicht.

eben in dem bleibenden Hof zwischen Martyrium und Anastasis und damit der Akzentuierung der zwei Memorialstellen. Unüberhörbar ist jedenfalls der politische Klang. Er liegt, wie P. COÜASNON mit Recht heraushebt, vor allem in der gewaltigen Rotunde, also nicht eigentlich in der kaiserlichen Basilika für die Kirche mitten auf dem Forum im noch überwiegend heidnischen Aelia. Aber gerade dann stoßen wir hier kaum auf Gesichtspunkte Konstantins oder auch Eusebs, wohl aber auf Überzeugungen, vielleicht auch Wunschvorstellungen der Jerusalemer Kirche. Bischof Kyrill war es, der bereits mit seinem Metropoliten in Caesarea in Konflikt über den Vorrang der jeweiligen Kirchen geriet; er hat die seltsame Kreuzerscheinung am 7. Mai 351 als ein Omen für das Geschick des Reiches verstanden und sofort dem Kaiser gemeldet[96]. Er war ein bewußt reichskirchlich denkender Theologe auch im Kirchenstreit der 2. Hälfte des 4. Jahrhunderts, schon deshalb kein Parteigänger des Athanasios, und hat es offenbar verstanden, die kaiserlichen Mittel für den Bau der Rotunde am Fließen zu halten. Das stempelt den Bischof nicht zum Opportunisten. Gerade die Beschäftigung mit den unter ihm entstandenen liturgischen Ordnungen in der Hl. Stadt läßt ein klares und eindrucksvolles theologisches Profil erkennen. Aber diese reichskirchliche Gesinnung trug doch wohl dazu bei, daß Kyrill die Möglichkeit gewann, Jerusalemer Konzeptionen und Traditionen auch in den Bauten am Hl. Grab Gestalt werden zu lassen. Dazu gehört nicht zuletzt die Überlieferung von den zwei Memorialstätten.

3. Die vorkonstantinische Zeit

Die Geschichte der Bauten Konstantins am Hl. Grab zeigt, daß es eine lokale Überlieferung in Aelia von den Stätten der Kreuzigung und Auferstehung Christi gab. Wenn der Felsen auf dem Forum auch vor 326 zugänglich, wenn nicht sogar sichtbar war, dann hatte sie sogar ihren greifbaren Haftpunkt. Dafür gibt es auch einen literarischen Hinweis, der uns in die Mitte des 2. Jahrhunderts zurückführt. Melito von Sardes klagt im zweiten Teil seiner Passahomilie Israel an, in Jesus den verworfen zu haben, dem das Volk alles Heil in seiner vergangenen Geschichte verdankte: „Den, den sogar die Heiden anbeten, den hast du getötet am großen Fest.“[97] Unter diesen Vorwürfen kehrt nun dreimal die Behauptung

96 Vgl. meinen Aufsatz (Anm. 90), 168 und 190f.

97 92, 690. 694 (p. 114, ed. O. PERLER in SC 123; Paris 1966). Gemeint ist natürlich das Passafest, bei Melito konkret der 15. Nisan, denn er schließt sich der synoptischen Chronologie an, vgl. dazu O. PERLER in der Einleitung der zit. Ausgabe S. 20f. und den Kommentar S. 181f., weiter meine Bemerkungen in: Christliches Passa im 2. Jh. und die Ausbildung der christlichen Theologie, in: Festschrift J. Daniélou, RSR 60 (1972), [287–323] 299 Anm. 24a.

wieder, der Christus sei „in der Mitte Jerusalems" getötet, ja gemordet worden (93, 710 u. a.), am schärfsten zugespitzt in den Worten: „Jetzt war es inmitten der breiten Straße und der Stadt, während alle es sahen, daß der rechtlose Mord an dem Gerechten geschah"[98]. Der hochrhetorische Stil ist offenkundig und die unmittelbare Absicht des Homileten war es gewiß, herauszustreichen, daß der Tod Jesu nicht im Verborgenen, sondern in aller Öffentlichkeit geschah. Daß Jesus mitten in Jerusalem, unter den Augen Israels getötet wurde, soll begründen, daß sein Sterben zur Wende in der heilsgeschichtlichen Stellung dieses Volkes wurde. Es ist jetzt nicht unsere Aufgabe, die theologische Problematik dieser Aussage zu prüfen[99]. Uns geht es hier um ihren unmittelbaren Inhalt, der so merkwürdig ist, daß eine Erklärung notwendig wird.

Für den Hebräerbrief ist es theologisch gerade bedeutungsvoll, daß Jesus vor den Toren der Stadt gelitten hat (13, 12). Damit griff er nur eine nach jüdischem, aber auch sonstigem antiken Recht selbstverständliche Überlieferung auf. Hinrichtungen, vor allem die Kreuzigung, wurden außerhalb der Stadtgrenzen vollzogen[100]. Nun war Melito einer der frühesten Palästinapilger, von dem wir wissen. Euseb überliefert den Widmungsbrief seiner Schrift „Eklogai", in dem es heißt: „Da ich in den Orient gereist und an den Schauplatz der Predigten und Taten gekommen bin und über die Bücher des Alten Testamentes genaue Erkundigungen eingezogen habe, so teile ich dir die Bücher im folgenden mit" (hist. eccl. = HE IV 26, 14). Diese Reise Melitos gehört also offenbar in den Zusammenhang der Sammlung und Abgrenzung der rechtgläubigen katholischen Kirche gegen Ebioniten und Gnostiker um die Hl. Schrift[101]. Zugleich stellt Melito sich damit in die Tradition griechischer Geschichtsforschung, in der

98 93, 710: Ἀπεκτεινάς σου τὸν κύριον ἐν μέσῳ Ἰερουσαλήμ (p. 114 ed. PERLER); 94, 712: Καινὸς φόνος γέγονεν ἐν μέσῳ Ἰερουσαλήμ (p. 116 ed. PERLER); 94, 724–726: νῦν δὲ ἐπὶ μέσης πλατείας καὶ πόλεως, ἐν μέσῳ πόλεως πάντων ὁρώντων, γέγονεν δικαίου ἄδικος φόνος (p. 116 ed. PERLER).

99 Sie ist zweifellos eine der Kernthesen der frühchristlichen Passatradition und wird in einer Form vorgetragen, die für uns heute nicht mehr nachgesprochen werden kann. Die Sachfrage stellt sich uns heute unter einem doppelten Aspekt: Was konstituiert Gottes Volk in der Welt nach Kreuz und Auferstehung Jesu Christi? Und: Wie verhalten sich das jüdische Volk heute und die Kirche zueinander? Für Melito fielen beide Fragen ebenso zusammen wie für Kyrill von Jerusalem. Wir sollten von Paulus Röm. 9–11 gelernt haben, daß Gottes Wege nicht in simplen Alternativen aufgehen.

100 Vgl. hierzu die Komm. zu Hebr. 13, 12 und etwa J. JEREMIAS, Golgotha (ΑΓΓΕΛΟΣ 1; Leipzig 1926), 2f.

101 Hierzu H. FRHR. VON CAMPENHAUSEN, Die Entstehung der christlichen Bibel (Tübingen 1968); A.C. SUNDBERG, The Old Testament of the Early Church (Cambridge/Mass. 1964), 133ff. Inzwischen vgl. dazu auch meinen Beitrag: Erfahrung der Kirche. Beobachtungen zur Aberkios-Inschrift in: W. RORDORF (Hrsg.), Communio Sanctorum, FS J. J. von Allmen (Neuchâtel 1982), 73–85.

vom Historiker erwartet wurde, daß er sich zuverlässige Informationen über die Fakten verschafft, die er darstellen will. „Wenn er es kann, soll er zu dem Ort gehen und (dort alles) mit seinen eigenen Augen besehen“, schreibt Lukian, der Zeitgenosse Melitos[102]. Im vorliegenden Fall kann der τόπος ἔνθα ἐκηρύχθη καὶ ἐπράχθη nur in Palästina gewesen sein. Und bei wem auch immer Melito nach dem authentischen Kanon des Alten Testamentes geforscht haben mag, bei Christen oder Juden, für den Christen Melito waren die entscheidenden „Verkündigungen“ und „Taten“ nicht von Jesus, seinem Kreuz und seiner Auferstehung, ablösbar. Deshalb hat man aus dem zitierten Satz des Widmungsbriefes eigentlich immer geschlossen, daß der Verfasser auch in Jerusalem war. Auf das römische Aelia Capitolina bezogen lag der Golgota-Hügel tatsächlich „inmitten der Stadt“, „an der breiten Straße“, die Aelia von Norden nach Süden durchschnitt, von dem auch der Pilger von Bordeaux die Lage des Golgotafelsens bestimmen sollte.

Wenn aber Melito in seiner Passahomilie tatsächlich Beobachtungen verwertet hat, die er in Aelia gemacht hatte, dann müssen ihm Christen damals auf dem Forum den Platz der Kreuzigung Jesu und doch wohl auch des Grabes gezeigt haben[103]. Gerade wenn Golgota mitten auf dem Platz erkennbar war, mußte sich ihm die brutale Öffentlichkeit dieses Todes einprägen. Daß Melito vom Grab schweigt, ergibt sich zwanglos aus der Intention dieses Teiles der Passahomilie[104].

Auf eine bekannte Tradition über den Ort des Grabes Christi hat man auch bisher meist schon daraus geschlossen, daß in den Tagen Konstantins gerade unter dem Forum gesucht worden ist. Wichtig an den Melito-Aussagen ist für unsere jetzige Fragestellung deshalb zunächst vor allem, daß er die Golgota-

102 de arte hist. conscrib. 47f.: Τὰ δέ πράγματα αὐτὰ ὀυχ ὡς ἔτυχε ἀνακτέον, ἀλλὰ ... μάλιστα μὲν παρόντα καὶ ἐφορῶντα. Vgl. H. HOMEYER, Lukian. Wie man Geschichte schreiben soll (München 1965), 152f. und W.C. VAN UNNIK, Once more St. Luke's Prologue, Neotestamentica 7 (1973), [7–26] 12ff.

103 Ich habe erst nachträglich festgestellt – auf Grund eines freundlichen Hinweises von Herrn H. CHADWICK, für den ich sehr danke –, daß A.E. HARVEY, Melito and Jerusalem, JThSt 16 (1966), 401–404, bereits die genannten Aussagen Melitos im gleichen Sinne ausgewertet hat. J. JEREMIAS, Golgotha (Anm. 100), 40 hatte auf die damals nur in einem syrischen Fragment zugängliche Aussage Melitos hingewiesen und gemeint, sie könne von der Vorstellung von Jerusalem als Mittelpunkt der Erde her verstanden werden. Der jetzt vorliegende Text der ganzen Passahomilie zeigt deutlich, daß Melito – im Widerspruch zur evangelischen Überlieferung – tatsächlich von der Mitte der Stadt Jerusalem sprach. Eine andere Aussage Melitos, die möglicherweise auf seine Kenntnis palästinensischer Überlieferung hinweist, haben wir bereits früher kennengelernt, vgl. meinen Beitrag (Anm. 90), 185, Anm. 66.

104 Das Grab mitten in der Stadt war nicht in eine Anklage gegen das alte Israel umzumünzen – zudem würde an der Absonderlichkeit dieser Aussage die Übersteigerung und Künstlichkeit des Vorwurfes vom Mord an der Hauptstraße deutlich werden.

Überlieferung weit hinter das 4. Jahrhundert zurückführt und damit den großen Konsens der stadtjerusalemer Tradition des 4. Jahrhunderts über die zwei eng miteinander verbundenen Memorialstätten des Sterbens und der Auferstehung Christi bestätigt. Wieder kann es dabei zunächst außer Betracht bleiben, ob an dem Felsen noch andere christliche Traditionen hingen. Wenn Melito Zeuge Jerusalemer Ortstradition ist, dann bezeugt er ein Wissen um den Ort der Kreuzigung.

Mit Melito stehen wir wohl noch in der Zeit der ersten Generation der heidenchristlichen Gemeinde in dem von Hadrian nach 132 bzw. 135 als Aelia Capitolina neugegründetem Jerusalem. Gegenüber der Zeit Jesu waren Grenzen und urbane Schwerpunkte deutlich verschoben. Das Gelände um die heutige Grabeskirche, ein altes Steinbruchgebiet mit einzelnen Grabanlagen aus hellenistischer und römischer Zeit, jedenfalls der Zeit des Zweiten Tempels, lag – wie die Grabungen von Frau KATHLEEN KENYON im Muristan und von Frau UTE WAGNER-LUX unter der Erlöserkirche bestätigt haben – in herodeischer Zeit noch außerhalb der Stadtmauer[105]. Allerdings ist dieser ganze nordwestliche Bezirk bereits unter König Agrippa I. ca. 42 n. Chr. durch den Bau der sogenannten Dritten Mauer in das Stadtgebiet mit einbezogen worden, wie ja unter ihm auch der Südwesthügel, der Zionsberg der christlichen Tradition, durch einen neuen Mauerzug der Stadt angegliedert wurde. Die römische Stadt war gegenüber der Zeit Agrippas verkleinert, gegenüber den Grenzen Herodes' d. Gr. und damit der Zeit Jesu in ihrem Schwerpunkt nach Norden verschoben – Ost- und Westgrenze waren durch Tempelberg und Zitadelle bestimmt und damit konstant. Der Zion lag – bis ins 5. Jahrhundert – wieder außerhalb von Aelia Capitolina[106], das neue Stadtzentrum, das Forum, im Bereich der erst durch Agrippa erschlossenen Nordweststadt, dem von den Rabbinen Bezetha genannten Bezirk. Das Gelände ist hier damals durch Aufschüttungen, die ihrerseits durch Stützmauern abgesichert werden mußten, stark verändert worden. So verschwand auch das Grab, das 326 als Grab Christi wiedergefunden wurde. Auf dem Forum befand sich ein Jupitertempel, ferner gab es ein Venusheiligtum in einer unterirdischen Höhle in einem über die Oberfläche hinausreichenden Felsen. Wir

105 KATHLEEN M. KENYON, Jerusalem. Die heilige Stadt von David bis zu den Kreuzzügen (Bergisch-Gladbach 1968), 187 f.; UTE (WAGNER-)LUX, Vorläufiger Bericht über die Ausgrabungen unter der Erlöserkirche im Muristan in der Altstadt von Jerusalem in den Jahren 1970 und 1971, ZDPV 88 (1972), 185–201. Eine gute Vorstellung von Geländeverhältnissen vor der Einbeziehung in die bewohnte Stadt können heute die Ergebnisse der Grabungen unter dem armenischen Teil der Grabeskirche vermitteln. Ich danke Herrn Bischof GUREGH KAPIKIAN und Herrn GEORGE HINTLIAN für freundliche Führung und Erläuterung. Die Ergebnisse dieser Grabung sind bisher noch kaum ausgewertet.

106 KENYON (Anm. 105), 193–196. 213.

wissen nicht genau, wann Melito in Jerusalem war und wie lange damals diese Baumaßnahmen schon abgeschlossen waren. Aber daß man ihm den Ort des Leidens Christi an einer derart ausgefallenen, ja anstößigen Stelle zeigte, zwingt doch dazu, den Ursprung dieser Tradition vor der Gründung von Aelia zu suchen; zumindest reicht sie in die Epoche zwischen den jüdischen Aufständen. Umgekehrt wird dadurch die Behauptung kirchlicher Schriftsteller des 4. Jahrhunderts wie Euseb und Hieronymus erhärtet, daß bei dieser ganzen römischen Bauplanung das Ziel einer ausdrücklichen Profanierung von Stätten mitgespielt hat, die den Christen oder Jerusalemer Judenchristen in einem noch zu klärenden Sinn heilig waren. Dann ist es aber auch als Widerspiegelung – und insofern als Bestätigung – der zwei Memorialstätten zu werten, daß hier zwei heidnische Kultstätten entstanden, nach Hieronymus der Jupitertempel über dem Grab, das Venusheiligtum im Golgotafelsen (ep. 58, 3, 5)[107].

Wenn wir fragen, ob es noch frühere Belege für diese Memorialstätte oder -stätten gibt, müssen wir mangels anderer Zeugnisse bereits auf die Grablegungs- und Osterberichte der Evangelien zurückgreifen. Die Synoptiker sind in topographischer Hinsicht nicht allzu ergiebig. Aber beim 4. Evangelium steht es anders. Karl Kundsin meinte vor über 50 Jahren, das Grab Christi sei geradezu der Mittelpunkt des johannäischen Begräbnis- und Auferstehungsberichtes, es gäbe „wohl keine zweite Perikope im ganzen Evangelium, deren genaues Verständnis in dem Maße, wie es hier der Fall ist, von einer richtigen Einsicht in die topographischen Einzelheiten des Schauplatzes abhängig" sei[108]. Jedenfalls berichtet das Evangelium, von den Synoptikern abweichend bzw. über sie hinaus, daß am Kreuzigungsort (ἐν τῷ τόπῳ) ein Garten (κῆπος) sei und in dem Garten ein neues, d. h. noch nicht gebrauchtes Grab (19, 41 f.). Auf diesen Garten wird doch offenbar wieder angespielt, wenn Maria Magdalena dann (20, 15) den sie ansprechenden Herrn für den Gärtner hält. Auch die Grabanlage selbst tritt plastisch heraus: Petrus und der „andere Jünger" gehen nach dem seltsamen Wettlauf in das Grab, dort muß der nicht mit Namen genannte sich bücken, um die Bank zu sehen, auf die der Leichnam gelegt wird und auch gelegt worden war (20, 5); dann tritt Petrus ein, offenbar in die eigentliche Grabkammer, und der andere folgt ihm (20, 6.8). Obgleich in beiden Fällen das Wort μνημεῖον

107 Von der Profanierung schreibt schon Euseb, vit. Const. III 26, aber bezeichnenderweise nennt er nur eine Kultstätte auf dem Forum, die Aphrodite-Venus geweiht war, vgl. Anm. 90.

108 K. Kundsin, Topologische Überlieferungen im Johannes-Evangelium (FRLANT NF 22; Göttingen 1925), 44. Daß ich gerade Kundsin zitiere, soll nicht heißen, daß ich mich seinen Einzelaufstellungen anschließen könnte; vgl. Anm. 124 und inzwischen meine Kurzdarstellung: Kreuz und Auferstehung Jesu Christi. Das Zeugnis der Heiligen Stätten, Erbe und Auftrag 54 (1978), 423–431; 55 (1979) 12–26. In dem Teil 55 (1979), 12–21 gehe ich vor allem auf die exegetischen Probleme im Zusammenhang der johanneischen Tradition ein.

gebraucht wird, ist der ganze Duktus des Berichtes doch nur sinnvoll, wenn die Anlage zweiteilig ist: nach dem Verschlußstein betritt man zuerst eine Vorhalle, von der ein niedriger Durchlaß erst in die eigentliche Grabkammer führt. KUNDSIN konstatierte hier „eine überraschende Übereinstimmung der johannäischen Anschauung mit dem Befunde der konstantinischen Zeit". Diese Beobachtung ist oft bestätigt worden, und mir scheint, man muß sie als solche festhalten, auch wenn sie exegetisch Beschwer macht[109].

Diese Beschwer liegt vor allem darin, daß wir es gelernt haben, das Vierte Evangelium in Schichten gewachsen zu sehen, bei einer Analyse die Mehrzahl der Exegeten aber zu dem Ergebnis kommt, die einzelnen Elemente der Grablegungs- und Ostererzählung verschiedenen Traditionen zuzuweisen. Die deutliche topographische Anschauung verbindet aber gerade unterschiedliche Traditionsstücke, deren Zusammenwachsen in der Geschichte der Ausbildung des Evangeliums man nicht ohne weiteres in Jerusalem vermuten kann[110]. Andererseits gehört diese Einfügung klarer Ortsangaben doch mit anderen topographischen Fixierungen gerade in Jerusalem zusammen, etwa dem Heilungswunder am Schaftsteich (Joh. 5), am Teich Siloa (Joh. 9), der Kenntnis von Tempelplatz, Schatzkammer und Halle Salomos, die allerdings auch sonst bei den Synoptikern oder in der Apostelgeschichte genannt sind. Wir haben es hier mit deutlichen Ortsüberlieferungen zu tun, die aber dennoch bisweilen nur schwer geschichtlich einzuordnen sind – wie gerade die archäologischen Untersuchungen im Bereich der Teiche nördlich des Tempels bei der mittelalterlichen St. Annen-Kirche gezeigt haben[111].

Immerhin erlauben m. E. gerade die Angaben des 4. Evangeliums zum Ort des Grabes eine vorsichtige Zeitbestimmung, wobei ich allerdings davon ausgehe, daß diese Angaben in der Tat topographisch und nicht allein literarisch zu verstehen und auszuwerten sind[112]. Hinrichtungsstätte und Grabanlage in einem privaten Garten, der möglicherweise von einem Gärtner betreut wird, das paßt nicht allzu gut in die Situation, die wir für die Zeit der Kreuzigung Jesu

109 Für die exegetische Argumentation im einzelnen verweise ich auf die in der vorigen Anm. genannte Arbeit.

110 Dabei ist es jetzt gleichgültig, ob man als Ort der Entstehung primär an Syrien denkt oder eher an Kleinasien im Sinne der altkirchlichen Tradition.

111 Vgl. dazu jetzt A. DUPREZ, Jésus et les Dieux Guérrisseurs: À propos de Jean V (Cah. RB 12; Paris 1970). Das Ergebnis dieser neueren Untersuchungen ist, daß die herodianische Anlage, in der man gern den Wunderbericht des Johannes lokalisieren wollte, zu Lebzeiten Jesu bereits stillgelegt war. Dagegen gab es hier heidnische Anlagen für den Kult von Heilgöttern; jüdisch kann das ganze Gebiet erst in frühapostolischer Zeit wieder geworden sein, nach der Einbeziehung der nördlichen Vorstadt in die Mauer des Herodes Agrippa.

112 Dies ist bereits Anfrage an die schöne Untersuchung von I. BROËR, Die Urgemeinde und das Grab Jesu. Eine Analyse der Grablegungsgeschichte im Neuen Testament (Studien zum Alten

voraussetzen müssen. Dagegen bereitet diese Angabe keine Schwierigkeiten für die Jahre, nachdem dieses Gelände in die Nordweststadt Agrippas einbezogen war. HANS FRHR. VON CAMPENHAUSEN hat wieder darauf hingewiesen, daß die Gestalt des Gärtners auch in der jüdischen Polemik gegen den Auferstehungsglauben der Christen vorkommt[113]. Literarisch ist sie schon von Tertullian vorausgesetzt, der in einer schaurigen Vision des Schauspiels des Jüngsten Gerichts den wiederkehrenden Herrn denen gegenüberstellt, die einst gegen ihn gewütet haben, besonders den Juden: „Da ist er, den die Schüler heimlich entwendet haben, damit man sagen könne, er sei auferstanden, (oder) den der Gärtner beiseite gebracht hat, damit die vielen Besucher seine Salatpflanzen nicht beschädigten" (de spect. 30). Diese jüdische Polemik ist kaum aus dem Johannesevangelium herausgewachsen. Sie setzt aber in der bei Tertullian belegten Form ebenfalls voraus, daß das Grab Christi in einem Kohlgarten lag und – für uns jetzt ebenso wichtig – von Christen besucht wird. Vielleicht kann man sogar davon ausgehen, daß eine polemische Diskussion darüber, weshalb ein Grab leer ist, doch eigentlich voraussetzt, daß beide Seiten von einem bestimmten, bekannten und zugänglichem Grab reden.

Wenn es möglich ist, aus diesen Mosaiksteinchen eine Hypothese zusammenzufügen, wird man wohl unsere doppelte Memorialstelle in der zweiten Hälfte des 1. Jahrhunderts als einen Christen zugänglichen Platz in einem Garten im Stadtteil Bezetha anzusehen haben, der den Bewohnern der Stadt, seien sie Christusbekenner oder nicht, als das Grab Christi galt, in der Nähe eines bizarren Felsens, in dem man Golgota, die Kreuzigungsstätte sah. Dies Ergebnis weckt Fragen. Am Wichtigsten ist dabei nicht die einer historischen Verifizierbarkeit – darauf ist später zurückzukommen –, sondern aus welchem Grund die Christenheit Palästinas das Gedächtnis dieser Orte festhielt. Denn daß es eine derartige Ortstradition im vorrömischen Jerusalem, also in der judenchristlichen Gemeinde dieser Stadt gab, davon wird man nun wohl ausgehen können.

4. Der Grund der Tradition

Methodisch wäre es hier an sich notwendig, zwischen den einzelnen Epochen zu unterscheiden, zumindest etwa der Zeit vor dem Jüdischen Krieg 66–70, zwi-

und Neuen Testament 31; München 1972), 201–249; vgl. ferner J. E. ALSUP, The Post-resurrection Appearance Stories of the Gospel Tradition (CTM A 5; Stuttgart 1975), bes. 95–102. 146 ff. 206 ff.

113 H. FRH. VON CAMPENHAUSEN, Der Ablauf der Osterereignisse und das leere Grab (1958); jetzt in: Ders., Tradition und Leben (Tübingen 1960), [48–113] 82 ff. Ferner W. HARBURY, Tertullian on the Jews in the Light of de spectaculis XXX. 5–6, JThSt 23 (1972), 455–459.

schen den Aufständen und dann natürlich der Zeit nach der Neugründung der Stadt als römische Kolonie. Aber unser spärliches Quellenmaterial und das Durchmustern der bisherigen Antworten auf die gestellte Frage machen es schwer, mit dieser Differenzierung bereits einzusetzen. Für die römische Stadt hat man auf das antike Heroon und damit den Heroenkult hingewiesen[114], für die judenchristliche Gemeinde auf das jüdische Heiligengrab und seine Verehrung[115]; weiter hat man schon für die älteste Zeit kultische Begehungen für möglich gehalten[116]. Nun ist diese dritte Möglichkeit an sich keine Alternative zu den vorhergenannten, denn es müßte ja jeweils begründet werden, warum ein bestimmter Ort in den „Kult" einbezogen ist oder wird. Im übrigen ist das Wort „kultisch" nicht sehr präzise. Wenn man darunter einen gemeinschaftlichen Gottesdienst versteht, fehlt jeder Anhaltspunkt für eine Einbeziehung unserer Memorialstätten in frühe liturgische Praxis, es sieht ja nicht einmal so aus, als wäre der hier infrage kommende Bezirk vor 326 je in christlicher Hand gewesen.

Wenden wir uns also den beiden anderen Konzepten zu, die ihrer religionsgeschichtlichen Herkunft nach sehr verschieden sind. Nun läßt sich eine Analogie zum antiken Heroenkult eigentlich erst für die konstantinische Zeit plausibel machen; daß Christen zuvor Christus als Stadtheros von Jerusalem betrachtet hätten, weil sein Grab unter dem Forum verschüttet lag, wäre ja doch eine abenteuerliche Hypothese. Um so wichtiger ist es zu sehen, daß nach 326 eben diese der Antike so vertraute Sicht nicht ohne Folgen für das Selbstverständnis der Christenheit in Jerusalem und das Amt ihres Bischofs bleiben konnte[117]. Doch wie dem auch sei, beiden Konzepten ist gemeinsam, daß die Heiligkeit der jeweiligen Kultstätte an der Gegenwart des mythischen oder geschichtlichen Stadtgründers oder des Patriarchen, Propheten, Weisen in seinem Weli hing – um den in Palästina heute üblichen arabischen Ausdruck für ein derartiges Heiligengrab aufzunehmen. Gerade die reiche und sorgfältige Zusammenstellung jüdischer Traditionen in dieser Zeit durch JOACHIM JEREMIAS läßt eigentlich

114 Vor allem A. GRABAR, Martyrium, I–II (Paris 1946; Album Paris 1943).

115 K. SCHMALTZ, Die drei „mystischen" Christushöhlen der Geburt, der Jüngerweihe und des Grabes, ZDPV 42, (1919), 132–165; J. JEREMIAS, Golgotha (Anm. 100); DERS., Heiligengräber in Jesu Umwelt (Göttingen 1958), 144f.

116 So etwa G. SCHILLE, Das Leiden des Herrn. Die evangelische Passionstradition und ihr „Sitz im Leben", ZThK 52 (1955), [161–205] 195; „Die Tradition hätte nach unserer Arbeitshypothese durch die Begehung ihre Form erhalten. Begehung führt immer zu festerer Prägung als Predigt" (S. 199). SCHILLEs Fragestellung ist an sich natürlich legitim und richtig, nur überzeugen mich die vorgeschlagenen Hypothesen nicht. Auch L. SCHENKE, Auferstehungsverkündigung und leeres Grab (SBS 33; Stuttgart 1968), stellt die Grabestradition in einen stark kultisch bestimmten Zusammenhang.

117 Vgl. ZDPV 87 (1971), 168.

hieran keinen Zweifel aufkommen[118]. Und der Umgang mit derartigen Gräbern in der arabischen und jüdischen Volksfrömmigkeit bis in die Gegenwart zeigt die erstaunliche Kontinuität dieser Vorstellungen durch die Jahrhunderte.

Auch die Christen haben, wenn ich recht sehe, frühzeitig „Heiligengräber" gehabt, jedenfalls in Kleinasien. Polykrates von Ephesus berief sich im Osterstreit mit Rom darauf, daß seine Heimat Gräber apostolischer Zeugen besitze: „Denn auch in Asien haben große Sterne ihre Ruhestätte gefunden, welche am Tage der Wiederkunft des Herrn auferstehen werden. An diesem Tage wird der Herr mit Herrlichkeit vom Himmel kommen und alle Heiligen aufsuchen, nämlich: Philippus, einen der zwölf Apostel, der in Hierapolis entschlafen ist ..., und Johannes, der an der Brust des Herrn lag, den Stirnschild trug, Priester, Glaubenszeuge (μάρτυς) und Lehrer war und in Ephesus zur Ruhe eingegangen ist, ferner den Bischof und Märtyrer Polykarp von Smyrna und den Bischof und Märtyrer Thraseas aus Eumenea, der in Smyrna entschlafen ist. Soll ich noch den Bischof und Märtyrer Sagaris, der in Laodicea entschlafen, und den seligen Papirius und Melito, den Eunuchen, aufzählen, welcher stets im Heiligen Geiste wandelte und nun in Sardes ruht, wartend auf die Heimsuchung vom Himmel, da er von den Toten erstehen soll?" (Euseb, hist. eccl. V 24, 2-5). Diese eigentümlich eschatologische Begründung der Grabtradition scheint keine nachträgliche Konstruktion zu sein. Zumindest die beiden genannten angeblichen Apostelgräber liegen außerhalb der allgemeinen Friedhöfe, hoch über der Stadt, so daß die Sonne, das Zeichen der Parusie des Herrn, sie, wenn sie von Osten aufgeht, bereits in Licht taucht, wenn die Städte noch im Dunkel verharren.

Allem Anschein nach haben auch die Montanisten in Pepuza das gemeinsame Grab des Montanos und der Maximilla und Priskilla verehrt und gehütet[119] – doch wohl als Gegenstück zum Philipposgrab in Hierapolis, in dem der Evangelist – nun Apostel – mit seinen pneumatisch-prophetischen Töchtern beigesetzt war. Gerade auf diese prophetische Tradition hatten sich die Montanisten stets berufen[120]. Auf das prophetische Amt des Urhebers des Montanismus deutet es wohl, daß nach Michael dem Syrer bei der Zerstörung der Martyriumsanlage im 6. Jahrhundert Goldblech auf ihrem Munde gefunden wurde; andererseits erinnert diese Notiz an den hohenpriesterlichen Stirnschild des Johannes, der nach

118 Vgl. Anm. 67; Analoges gilt für die Grabstätten von Unheilsgestalten, vgl. dazu ILONA OPELT, Das Grab des Riesen Goliath, JbAC 3 (1960), 17–23.

119 So die Chronik Michaels des Syrers (12. Jh.), Buch IX (t. IV, p. 323–325 ed. J.-B. CHABOT; Paris 1910), nach ST. GERO, Montanus and Montanism according to a mediaeval Syriac source, JThSt 28 (1977), 520–524. Zur Ortslage von Pepuza – die nicht mehr sicher bestimmbar ist – vgl. jetzt A. STROBEL, Das Heilige Land der Montanisten (RVV 37, Berlin-New York 1980).

120 Zu den Ausgrabungen in Pamukkale-Hierapolis vgl. P. VERZONE, Art. Hierapolis, in: RByzK 2 (1971), [1203–1223] 1207–1212.

Ex. 28, 36; Lev. 8, 9 golden gewesen sein müßte[121]. Den Standort dieses Grabes in Relation zur Stadt Pepuza kennen wir allerdings nicht.

Bemerkenswert ist in jedem Fall, daß hier das Märtyrergrab seit Polykarp offenbar in die Tradition des Heiligengrabes eintritt, nicht umgekehrt[122]. In dieser besonderen kleinasiatischen Überlieferung sehe ich palästinensisches Erbe und eine Bestätigung dafür, daß derartige Grabestraditionen, wie sie JOACHIM JEREMIAS untersucht hat, tatsächlich von Christen aufgenommen worden sind.

Aber dies alles ist keine Analogie zum Christusgrab in Jerusalem. Denn auch gegenüber den kleinasiatischen Gräbern tritt die entscheidende Differenz klar heraus: Die Sterne Asiens warten in ihren Gräbern auf die Auferstehung. Das Grab Christi bezeugt - um es mit Kyrill zu sagen - die geschehene Auferstehung des Herrn. Der Heilige ist hier eben gerade nicht in seinem Grab präsent, das ist schon die Engelsbotschaft im Markus-Evangelium (16, 6). Hinzu kommt nun als Ergebnis unserer bisherigen Untersuchung, daß wir es offenbar vom 4. Evangelium bis ins 4. Jahrhundert und die Gegenwart mit einer Doppel-Memorialstelle zu tun haben. Dann aber reichen die bisher gegebenen Antworten auf unsere Frage nicht aus.

Daß topographische Haftpunkte der Überlieferung im Neuen Testament nicht besonders akzentuiert werden, hat man meist von der radikaleschatologischen Haltung der Urgemeinde aus verstanden: Die Hoffnung auf die bevorstehende Erfüllung ließ die Christen nach vorn, nicht zurückblicken. Immerhin sollten uns solcher Argumentation gegenüber die Heiligengräber der Asia mißtrauisch machen. Gerade Eschatologie kann auch Traditionen setzen. Doch brauchen wir uns mit solchen Überlegungen nicht aufzuhalten. Denn unsere Untersuchungen haben doch wohl gezeigt oder bestätigt, daß es eine derartige topographische Überlieferung der Stätte der Kreuzigung und der Auferstehung Christi schon in der noch judenchristlichen Jerusalemer Gemeinde gab. Das Motiv für solche Überlieferung muß sogar stark gewesen sein, denn es hat sicher den Umbruch 132/135 überdauert, wahrscheinlich aber doch auch die erste Zerstörung Jerusalems 70 n.Chr. Die Frage kann also nicht sein, ob es damals ein derartiges Motiv gab, sondern nur, ob wir es angeben können.

Ich denke, daß der Mischnatraktat Berakoth, „von den Segenssprüchen", hier eine Antwort geben kann. Er zählt nach den Anweisungen für das Beten des *šəma'* und der *'ămīdā,* daheim und in der Synagoge, den Regeln des Tischgebe-

121 Dies Stirnblatt wird in dem zitierten Brief des Polykrates von Ephesus genannt, Euseb, HE 3, 31, 3. Zum Zusammenhang Hochpriestertum - Prophetie vgl. Did. 13,3.

122 Hierauf habe ich bereits hingewiesen in: Die Theologie des Heiligen in der frühen Kirche. In: F. V. LILIENFELD u.a., Aspekte frühchristlicher Heiligenverehrung (OIKONOMIA. Quellen und Studien zur orthodoxen Theologie, Band 6; Erlangen 1977), [77-125. 180-216] 89. 115f.

tes, auch solche für den Lobspruch Einzelner in besonderen Lebenslagen auf. Am Anfang dieses letzten Teils findet sich der Satz: „Wer da schaut einen Ort, an dem Wunder geschahen in Israel, spricht: „Gepriesen sei, der da Wunder tat an unseren Vätern an diesem Ort."[123] Jüdische Frömmigkeit war und ist geschichtsbezogen und zugleich landbezogen; christlicher Glaube ist neu und erst recht an Geschichte orientiert, weil er an einer Person hängt, die Gestalt der Geschichte ist, Jesus. Wenn die Stätten der Kreuzigung und der Auferstehung auch als Orte zu gelten haben, an denen Gott Wunder in Israel getan hat, dann ziemte es dem Juden, der an die Heilstat Gottes in Christus glaubt, hier diesen Gott zu preisen, also diesen Ort zu kommemorieren, wobei es eben an der Näherbestimmung dieses „Wunders" hängen wird, ob der Blick dessen, der die *bərākā* spricht, sich nur nach rückwärts oder auch und gerade auf die Erfüllung dessen richtet, was in der geschehenen Gottestat schon vorweggenommen ist.

Wenn dieser Zusammenhang richtig gesehen ist, dann bedürfte die Bewertung urchristlicher Geschichtsauffassung als radikaleschatologisch der Überprüfung, denn es geht wohl nicht an, eine derartige Kommemoration des Heilsgeschehens, die auch die lokalen Haftpunkte mit einbezieht, bereits als Enteschatologisierung infolge etwa der Parusieverzögerung zu verstehen[124]. Wenn ich recht sehe, ist gerade die Bindung auch der Zukunftserwartung an Jerusalem und das Heilige Land, also klar vorgegebene geographische Größen, nicht sekundäre Verengung, sondern eine schon in der Johannesoffenbarung ausgeschmolzene uralte Überzeugung.

Wichtiger für uns ist eine andere Implikation dieses Rückgriffes auf Ber. IX 1a. Er setzt voraus, daß auch die Kreuzigung Christi als Heilstat Gottes gepriesen werden kann, wenn wir von hier aus das Bewahren der Überlieferung der dop-

123 Ber XI 1a; der hier gebrauchte Terminus *'āsā nissīm* „Zeichen tun" entspricht sprachlich genau dem johanneischen σημεία ποιεῖν; vgl. dazu Erbe und Auftrag 55 (Anm. 108), 15, Anm 39. A. GOLDBERG, Die Heiligkeit des Ortes in der frühen rabbinischen Theologie, Frankfurter Judaistische Beiträge, Heft 4 (Frankfurt 1976), 26–31 verweist auf die eschatologische Hoffnung, Jerusalem und den Zion als Ort der Erwartung. Daneben hat es aber doch auch eben jene Kommemoration des Heilshandelns Gottes in der Geschichte gegeben. In diesem Zusammenhang müßte allerdings die These A. GRABARs vom jüdischen Ursprung christlicher Memorialstätten alttestamentlicher Ereignisse im Heiligen Land noch einmal ausführlicher nachgeprüft werden, vgl. seine große, Anm. 113 genannte Arbeit.

124 Grundlegend für diese Fragen sind die sorgfältigen Untersuchungen von W.D. DAVIES, The Gospel and the Land. Early Christianity and Jewish Territorial Doctrine (Berkeley-Los Angeles-London 1974). Über die Bedeutung des „Historischen" für die Formung der Evangelientradition s. auch J. ROLOFF, Das Kerygma und der irdische Jesus. Historische Motive in den Jesus-Erzählungen der Evangelien (Göttingen ^{2}1973), ferner jetzt B. SCHWANK, Ortskenntnisse im Vierten Evangelium? Erbe und Auftrag 57 (1981), 427–442.

pelten Memorialstelle verstehen wollen [125]. Gerade diese Voraussetzung ist aber alles andere als selbstverständlich. Ein Durchmustern der frühen Gebete und Segenssprüche aus christlicher Überlieferung würde zeigen, daß ein unmittelbarer Lobpreis des Kreuzes erst spät belegt ist, die frühesten Texte sind die unter dem Namen des Johannes Chrysostomos überlieferte, bisweilen Hippolyt zugeschriebene Passa/Oster-Homilie vielleicht noch des ausgehenden 2. Jahrhunderts und die stark gnostisierenden Andreasakten [126]. Die paradoxe Gewißheit des Glaubens, daß das Kreuz Christi Gottes Heilstat für die Welt ist, ließ sich nicht ohne weiteres in einen Lobspruch über das Kreuz ummünzen. Aber, wenn ich recht sehe, erkennen wir den Umschlag wieder gerade in der johanneischen Theologie, die das Sterben am Kreuz und die Erhöhung zum Vater in eins schauen kann und für die Wasser und Blut, die aus der Seite des toten Christus austreten, offenbar bereits Hinweis auf die lebensstiftende Kraft des Geistes in der Taufe sind (Joh. 19, 34; vgl. 1. Joh. 6, 5 f.) [127].

Daß Kreuz und Auferstehung Christi zusammengehören, ist älteste christliche Überzeugung. Aber sie hängt nicht an topographischen Haftpunkten. Wenn wir fragen, ob sich die Doppel-Memorialstelle hinter die Mitte des 1. Jahrhunderts in die Zeit vor dem Bau der neuen Nordmauer durch Herodes Agrippa zurückführen läßt, geraten wir stärker in den Bereich, in dem nur noch Hypothesen möglich sind. An sich sollte die in der Passionstradition der Evangelien fest verankerte Angabe „Golgota“ auf einen geographisch allgemein bekannten, identifizierbaren Ort verweisen. Aber tatsächlich wissen wir doch nicht, ob dieser τόπος ein größeres Areal war, das vielleicht auch sonst für Hinrichtungen verwandt wurde, und woher er diesen Namen hatte. Selbst wenn man die Vermutung P. COÜASNONs aufgreifen will, die Spitze des Felsens in der heutigen Grabeskirche hätte aus dem aufgeschütteten alten Steinbruchsgelände herausgeragt und als Landmarke die Bezeichnung Golgota getragen, wie verhielt sich

125 Diese These mag zu eng erscheinen, gab es doch auch frühchristliche Memorialstätten des Unheils wie Hakeldamach, den „Blutacker“, der in verschiedener Weise mit dem Ende des Judas in Zusammenhang gebracht wurde, Act. 1, 18 ff.; Mt. 27, 3–10; Papias, frgm. 3, vgl. dazu jetzt J. ROLOFF, Die Apostelgeschichte (NTD 5; Göttingen ^{17}1981), 30 f. Als jüdisches Analogon wäre an die Gräber von Feinden Gottes zu erinnern, vgl. I. OPELT (Anm. 118). Aber dennoch bleibt die Koinzidenz bemerkenswert, daß nur die johanneische Tradition die Doppelmemorialstelle voraussetzt und innerhalb der Evangelien nur hier deutliche Reflexionen über die Heilsbedeutung des Kreuzes vorliegen.

126 ps. Chrysostomos, in s. Pascham 51 (p. 177 f. ed. P. NAUTIN, Homélies pascales I, in SC 27; Paris 1950); Andreasakten: mart I 14 = laud. 46 (AAA II,1 p. 54, 19–55,19 ed. M. BONNET; Leipzig 1898, Nachdr. Darmstadt 1959); vgl. auch Act. Joh. 98–101. Vgl. R. CANTALAMESSA, L'Omelia „in s. Pascha“ dello pseudo-Ippolito di Roma (Milano 1967), 109–138.

127 Gerade die sakramentale und die antidoketische Wendung gehören zusammen, vgl. Erbe und Auftrag 55 (Anm. 108), 15 Anm. 38.

dann der Standort der drei Kreuze zu diesem Felskegel? Vor allem aber wissen wir nicht, wie ein solcher, doch unter dem Fluch Gottes stehender Ort dann bei der Einbeziehung in die Nordstadt verändert worden ist. Die Erinnerung mag nicht ganz verloschen gewesen sein, aber es fällt mir schwer, im Blick auf diesen Platz von einer christlichen Memorialstelle zu reden. Eindeutiger wäre das Grab. Wie steht es mit ihm?

Damit kommen wir nun doch zur Frage nach dem Ursprung dieser Ortsüberlieferung. Sie ist auch jetzt nicht einfach identisch mit dem Problem der Authentizität oder Historizität; denn in dieser Hinsicht scheint mir das Ergebnis der sorgfältigen literarischen Analysen von INGO BROËR über die Urgemeinde und das Grab Jesu kaum widerlegbar zu sein: Der Markusbericht von der Grablegung ist unsere älteste Quelle; die Datierung noch auf den Freitag scheint nicht sekundär und die Nennung des Joseph von Arimathäa dürfte historisch zuverlässig sein. Aber: „Bleibt man ... in erster Linie bei den Texten, so lassen diese eine positive Beantwortung der Frage, ob die Urgemeinde Jesu Grab kannte, mit Sicherheit nicht zu.“[128] Doch offenbar hat man dann in Jerusalem dies Grab zu kennen gemeint, bei Christen und nichtchristlichen Juden. Die historischen Schlußfolgerungen aufgrund der literarischen und der topographischen Analyse stehen in Spannung zueinander.

Aber dies ist weniger erstaunlich, als es zunächst scheinen könnte. Denn unsere Möglichkeiten für eine Rekonstruktion der Ereignisse in Jerusalem im Umkreis des Passafestes des Jahres, in dem Jesus gekreuzigt wurde, stoßen immer wieder auf eine Grenze, die sich aus der Frühgeschichte der Urgemeinde selbst ergibt.

Ein Blick auf 1Kor. 15, 3–8 mag dies verdeutlichen: Paulus zitiert hier eine katechetische Formel, von der zumindest dreierlei deutlich ist: Er läßt sie von allen neugewonnenen Christen in seinen Gemeinden im Wortlaut auswendig lernen, ihren Kernbestand hat er selbst bereits aus älterer christlicher Tradition übernommen, und die Zusammenstellung der mit Namen genannten Osterzeugen weist auch auf eines der Lebensprobleme des Völkerapostels hin: Obgleich vom Auferstandenen selbst berufen, ist er doch für die Möglichkeit, seinem Auftrag gehorsam zu sein, auf den Konsens mit Petrus und Jakobus angewiesen, eben weil sie gleich ihm vom Auferstandenen beauftragt sind. Mit ihnen ist er wenige Jahre nach dem Widerfahrnis vor Damaskus in Jerusalem zusammengekommen, und beim sogenannten Apostelkonzil trafen unter anderem gerade diese drei Männer wieder aufeinander (Gal. 1–2). Die Zusammenstellung dieser Namen hat also einen unbezweifelbar hohen historischen Rang, unabhängig da-

128 BROËR (Anm. 112), 294.

von, wo der Grundbestand der Formel entstanden ist[129]. Von diesen Männern hat aber - nach allem, was wir den Evangelien entnehmen können - keiner unter dem Kreuz gestanden. Jakobus und Paulus werden erst durch Erscheinungen des Auferstandenen Glieder der Gemeinde. Über den Ort der für die Sammlung der Kirche fundamentalen Erscheinung vor Petrus gibt es nur Hypothesen, aber Galiläa ist wahrscheinlich. D.h. die Jerusalemer Urgemeinde ist das Ergebnis einer neuen Sammlung um die Botschaft von der Auferweckung des Gekreuzigten in der Stadt der eschatologischen Verheißung und damit der Hoffnung auf seine Parusie[130]. Die einzelnen um diese Botschaft zusammengeschlossenen Gruppen brachten je ihre eigene Tradition mit, Petrus mag hier für die Zeit des Wirkens Jesu als Wanderlehrer und Wundertäter stehen, Jakobus ist Repräsentant der Familie Jesu - was für Überlieferungen dies auch immer einschließen mag -; andere mochten anderes einbringen. Wie weit hieraus je eine einheitliche gemeinsame Jerusalemer Geschichtsüberlieferung entstanden ist, läßt sich nur schwer beurteilen; denn die literarische Fixierung der Evangelien erfolgte ja wieder außerhalb der Heiligen Stadt. Was wir feststellen ist nur, daß die Angaben über das Datum der Kreuzigung zwischen den Synoptikern und Johannes variieren, die Lokalisierung der Erscheinungen des Auferstandenen wird ebenfalls unterschiedlich berichtet. Die weitgehende Übereinstimmung im Erzählungsfaden bis zum Gang der Frauen ans Grab hat zumindest bei den Synoptikern eindeutig literarische, nicht historische Ursachen. „Die Urgemeinde" hat also sicher keine gemeinsame, historisch verwertbare Erinnerung an Kreuzigung und Begräbnis Jesu gehabt - eher schon gesammelte Überlieferungen von Erscheinungen des Auferstandenen, das mag man 1Kor. 15, 3ff. entnehmen[131].

Weshalb dann aber das Interesse an Begräbnis und Grab? Die Forschung ist in der Regel geneigt, beides deutlich zu unterscheiden. Mag immer die Überlieferung zuverlässig sein, Joseph von Arimathäa habe dafür gesorgt, daß der Leichnam Jesu in würdiger Weise beigesetzt wurde[132], so ist es doch an sich nicht selbstverständlich, daß die frühen Christen ein derartiges Begräbnis für eine so

129 Es ist bekanntlich umstritten, ob sie von Haus aus griechisch oder aus dem Aramäischen übersetzt ist, also aus Antiochien oder Jerusalem stammt.

130 Indirekt wird dies übrigens auch durch die *Anabathmoi Jakobou* bestätigt, eine judenchristliche Quellenschrift der Pseudoklementinen wohl aus der Mitte des 2. Jh.s, die ein der Paulusschule entgegengesetztes Bild der Geschichte der Urgemeinde zeichnet, vgl. dazu G. STRECKER, Das Judenchristentum mit den Pseudoklementinen (TU 70; Berlin 1958), 221ff. und zuletzt J. LOUIS MARTYN, Clementine Recognitions 1,33-71. Jewish Christianity, and the Fourth Gospel, in: God's Christ and His Peopel, Festschrift N.A. Dahl, ed. by J. JERVELL and W.A. MEEKS (Oslo-Bergen-Tromsø 1977), 265-295.

131 Vgl. dazu jetzt etwa H. KRAFT, Die Entstehung des Christentums (Darmstadt 1981), 203-210.

132 Das ist im wesentlichen das Ergebnis der Studie von I. BROËR (Anm. 112).

gewichtige Sache gehalten hätten, daß eine Aufnahme in die knappe Formel von 1Kor. 15, 3 dadurch zureichend begründet wäre. Wenn ich recht sehe, ist auch das Interesse am Begräbnis, nicht nur am Grab, bereits durch die Auferstehungsgewißheit motiviert. Gewiß gab es im Judentum der Zeit Jesu und der Apostel sehr unterschiedliche Vorstellungen über die Zukunft des Menschen nach dem Tode[133]. Aber das Osterereignis ist doch offenbar von Anfang an als „Auferstehung" Jesu beschrieben worden. Die Auferweckung der Toten durch Gott, ihre Auferstehung, weist aber auf eine sehr spezifische Tradition, in der das „Aufwachen" oder „Aufstehen" auf das Ruhen oder Liegen in den Gräbern (vgl. Ez. 37, 12ff.) oder der Erde (vgl. Jes. 26, 19) zurückblickt. Die apologetische formelhafte Wendung, daß nur das, was gefallen ist, auf(er)stehen kann, stammt zwar erst aus frühchristlicher Zeit[134], der vorgegebene Wortsinn von „aufwecken" (*hēqīṣ*, ἐγερθῆναι) oder „aufstehen" (*qūm*, ἀνιστάναι) ist offenbar auch dann noch mitgehört worden, als diese Verben zu Chiffren des eschatologischen Heilshandelns Gottes geworden waren[135]. Wie auch immer das Verhältnis von Auferstehung Jesu und allgemeiner Totenauferstehung bestimmt wurde[136], wenn von „Auferstehung" gesprochen worden ist, war die Frage nach dem Grab gestellt. Die formelhafte oder legendäre Aussage über das Begräbnis Jesu ist Bestätigung der Realität des Todes, das gilt für 1Kor. 15, 4 ebenso wie für Röm. 6, 4 und wohl auch die Grablegungsberichte der Evangelien. Aber wenn das Widerfahrnis der Ostererscheinungen jeweils Berufung durch den Auferstandenen war, in Galiläa, vor Damaskus und wo auch immer, dann war die alte Jerusalemer Sondertradition vom Gang der Frauen zum leeren Grab ein sachentsprechendes Gegenstück zu dieser Gewißheit, insofern auch ihre Bestätigung. Deshalb konnte Markus auch sein Evangelium mit diesem Bericht abschließen.

Diese Überlegungen sind noch immer an der Frage orientiert, weshalb in der Jerusalemer Urgemeinde eine Tradition vom leeren Grab bewahrt wurde. Sie dürfte in die Zeit vor der Einbeziehung Bezethas in das Stadtgebiet unter Herodes Agrippa 42 n.Chr. zurückreichen. Ob diese Tradition historisch als zuverläs-

133 Dazu jetzt die schöne Übersicht von G. STEMBERGER, Art. Auferstehung I/2: Judentum, in: TRE 4 (1979), 443–450.

134 A.H.C. VAN EIJK, 'Only that can rise which has previously fallen': The History of a Formula, JThSt 22 (1971), 517–529.

135 Vgl. zum Wortgebrauch G. KEGEL, Auferstehung Jesu – Auferstehung der Toten. Eine traditionsgeschichtliche Untersuchung zum Neuen Testament (Gütersloh 1970), 17f.

136 Besonders deutlich wird dieser Zusammenhang in den Legenden vom Grabe Adams, vgl. dazu S. 84ff. Auch P. HOFFMANN, Art. Auferstehung II/1: Auferstehung Jesu Christi, Neues Testament, in: TRE 4 (1979), 478–513 sieht die Auferweckungsformel „Gott erweckte Jesus aus den Toten" auf dem Hintergrund der apokalyptischen Vorstellungskategorie der endzeitlichen Totenauferstehung. Daß die hier anstehenden Probleme weit über den Rahmen des in dieser Arbeit zu Behandelnden hinausgehen, ist unbestritten.

sig gewertet werden kann, hängt an der Beurteilung der schmalen, brüchigen Überlieferungskette von der Kreuzigung über Joseph von Arimathäa bis zu den Frauen am Grab am Ostermorgen. Daß diese Kette nicht breiter und stabiler ist, entspricht eben der historischen Situation. Tradiert wurde der Ort von Anfang an als Memorialstätte der Auferstehung des Herrn.

Wenn das Begräbnis gleichsam das Siegel auf den Tod ist, dann konnte auch das Grab allein auf das Sterben wie die Auferweckung Jesu hinweisen. Die Ausweitung zur Doppelmemorialstätte in der zweiten Jahrhunderthälfte hat die Unterschiedenheit und Zusammengehörigkeit von Kreuzigung und Auferstehung noch unterstrichen[137]. Das entspricht dem Weg der frühchristlichen Theologie, die ihren Niederschlag im altkirchlichen Passa/Osterfest finden sollte. Diese kultische Überlieferung und die Jerusalemer Lokaltradition konnten sich erst in den Bauten Konstantins seit dem 4. Jahrhundert verbinden. Diese Verbindung selbst ist aber doch nur sachgemäß; denn daran hängt doch christlicher Glaube, daß Gott sein Heil für die Welt durch einen Menschen in Raum und Zeit gewirkt hat, durch Seinen Sohn Jesus von Nazareth, sein Kreuz und seine Auferstehung, für die dieser Ort Zeugnis ist, „Martyrium" wie man im frühbyzantinischen Jerusalem sagte.

5. Die Memorialstätten in der Jerusalemer Theologie

Damit stellt sich am Ende die Frage, ob dieses Zusammenrücken von Gottesdienst und Geschichte in Jerusalem über die schon notierte Historisierung der Liturgie und die Auffächerung der Kommemoration des Christusweges in der Pilgerfrömmigkeit durch die steigende Zahl von Gedenkstätten hinaus theologisch bedacht worden ist. Antworten wären hier wohl nach zwei Richtungen zu suchen. Einmal müßte geprüft werden, ob sich Zusammenhänge zwischen der besonderen Situation der Heiligen Stadt und der Stellungnahme der Jerusalemer Kirche oder ihrer Theologen im christologischen Streit erkennen lassen[138]. Zum anderen wären die liturgischen Ordnungen dieser Kirche auf diese Frage-

137 Hierzu U. WILCKENS, Überlieferungsgeschichte der Auferstehung Jesu, in: Die Bedeutung der Auferstehungsbotschaft für den Glauben an Jesus Christus (Gütersloh 1966), 41–63; vgl. Ders., Auferstehung. Das biblische Auferstehungszeugnis historisch untersucht und erklärt (Stuttgart-Berlin 1970; = GTB/Siebenstern 80; Gütersloh 1977).

138 Für das Interesse an einem kirchenpolitischen Stillhalteabkommen, um die Pilger nicht abzuhalten oder zu verwirren, vgl. vor allem das von E. SCHWARTZ zusammengestellte Material, bes. seine Einleitung zur Ausgabe: Kyrillos von Scythopolis (TU 49,2, Leipzig 1939). Den Zusammenhang zwischen der Stellungnahme im christologischen Streit und der asketischen Praxis des Mönchtums in Palestina hat L. PERRONE untersucht: La Chiesa di Palestina e le Controversie Cristologiche. Dal concilio di Efeso (431) al secunda consilio di Constantinopoli (553) (Brescia 1980).

stellung hin zu untersuchen. Hierzu möchte ich nur drei Bemerkungen machen:

Zunächst zum Kirchenjahr: Die Lesungen in der Osternacht des Armenischen Lektionars sind anscheinend das Resultat einer theologischen Bearbeitung und Neuordnung einer älteren Reihe, wobei es geradezu ein Gliederungsprinzip wird, jeweils abwechselnd eine Lesung allgemein heilsgeschichtlichen Charakters neben eine andere zu stellen, die typologisch auf Jesus Christus und seine Auferstehung hinweisen soll[139]. Auch das ist Historisierung, aber eben zugleich neue Rückbindung des alten Festes der Erlösung an den geschichtlichen Weg Jesu. In bemerkenswerter Ergänzung hierzu läßt sich der ganze Festkalender Jerusalems, wie er aus dem Armenischen Lektionar zu erheben ist, als eine erstaunlich geschlossene theologische Konzeption der zweiten Hälfte des 4. Jahrhunderts erweisen, deren Ziel es ist, um die großen Christusfeste herum die Heils- und Weltgeschichte zu kommemorieren. Lokale Haftpunkte gibt es hierfür zunächst nur bei den Christusmemorialstätten, die Zentralreliquie ist das Hl. Kreuz[140]. Die Entstehung dieses Kalenders in der genannten Zeit erlaubt es wohl, als den für diese Konzeption verantwortlichen Bischof Kyrill namhaft zu machen. Christologische Konzentration und universaler Ausblick verbinden sich auch hier[141]. Übrigens reicht doch auch die politische Auswertung der Kreuzesrelique als Schutz für Kaiser und Reich auf Kyrill zurück; Ambrosius wird dies Theologumenon aufgreifen, und noch im Bilderstreit wird es neu entscheidende Bedeutung gewinnen[142]. Die Politisierung des Hl. Kreuzes ist zugleich seine Enthistorisierung. Die Christusmemorialstätten selbst halten die neu gewonnene Verbindung zur Geschichte stärker und länger fest.

Eine neue christologische Konzentration ist für die Theologie der frühen Reichskirche wohl überhaupt bezeichnend. Im Verständnis der Taufe rückt da-

139 Hierauf habe ich hingewiesen in: Neue Arbeiten zur Geschichte des Ostergottesdienstes I., JbLH 5 (1960), 75–79.

140 Ich habe dies aufzuweisen versucht in: Die Theologie des Heiligen in der frühen Kirche (Anm. 121), 94–112.

141 So mit Recht K. DEDDENS, Annus Liturgicus? Een onderzoek naar de betekenig van Cyrillus van Jerusalem voor de ontwikkeling van het 'Kerkelijk jaar' (Goes 1975). Ich möchte hier nur auf diese wichtige Kampener Dissertation verweisen, ohne in eine Diskussion mit dem Verfasser einzutreten, der das theologische Recht eines „Kirchenjahres" und damit zugleich der Kommemoration in Bindung an Orte und Zeichen in der Kirche überhaupt bestreitet. Zum Abschluß dieser Studien hoffe ich später dies nachholen zu können.

142 Zum Brief Kyrills an Constantius nach der Kreuzeserscheinung am 31. 5. 351 vgl. ZDPV 87 (1971), 189–191; zu Ambrosius: W. STEIDLE, Die Leichenrede des Ambrosius für Kaiser Theodosius und die Helena-Legende, VC 32 (1978), 94–112; zum heiligen Kreuz im Bilderstreit die Arbeit von D. STEIN, Der Beginn des byzantinischen Bilderstreits und seine Entwicklung bis in die vierziger Jahre des 8. Jahrhunderts (Misc. Byz. Monacensia, 25; München 1980), 138 ff.

mit Röm. 6 in den Vordergrund; die vornizänische Kirche hatte diese Handlung vorwiegend von Joh. 3, 5 her pneumatologisch als die neue Geburt aus Wasser und Geist verstanden[143]. Wenn Paulus im Römerbrief die Taufe als das Geschehen beschreibt, in dem der Christ in den Tod und das Begräbnis Christi hineingezogen ist, um an Seiner Auferstehung Anteil zu haben, dann gibt der Völkerapostel hier ja selbst eine Auslegung des „leeren Grabes", unabhängig davon, ob ihm die Jerusalemer Tradition bekannt war oder nicht[144]. Wenn die zweite der Jerusalemer Mystagogischen Katechesen des ausgehenden 4. Jahrhunderts den Weg Christi ans Kreuz und ins Grab fast dramatisch dem Taufritus parallelisiert und dabei beides doch scharf als „Wahrheit" einerseits, „Abbild" (ὁμοίωμα) oder „Nachahmung" (μίμεσις) andererseits unterscheidet, dann steht diese Theologie zwar in einem breiten Strom christlichen Denkens in der frühen Reichskirche, aber ihre eigentliche Schärfe erhält diese Unterweisung eben doch durch die örtliche Nähe zu den Memorialstätten der Kreuzigung und Auferstehung: „Ihr hattet euch ausgezogen und wart nackt, darin habt ihr Christus nachgeahmt, der am Kreuz entblößt war und so, in seiner Nacktheit, die Mächte und Gewalten ausgezogen und mit Zuversicht am Holz aus ihnen einen Triumph gemacht hat (Kol. 2, 15). ... Dann seid ihr zum heiligen Brunnen der göttlichen Taufe geführt worden wie Christus vom Kreuz zu dem vor euch liegenden Grabmal" (cat. myst. 2, 2–4). „Welch befremdliche und wunderhafte Sache! Wir starben nicht wirklich (ἀληθῶς) und wurden nicht wirklich begraben und sind nicht wirklich gekreuzigt auferstanden, sondern es war Nachahmung im Bild. Wirklich (ἐν ἀληθείᾳ) aber ist die Rettung. Christus wurde tatsächlich gekreuzigt und tatsächlich begraben und ist wirklich auferstanden, und alles dies ist uns zugeeignet worden, damit wir durch die Nachahmung seiner Leiden an Ihm Anteil gewännen (αὐτοῦ κοινωνήσαντες) und so wirklich das Heil erwürben" (2, 5). Die Gültigkeit der Taufe zieht ihre Kraft aus der Wahrheit des Sterbens und Auferstehens Christi, wie es die heiligen Stätten vor Augen stellen. Auch hier geht es um Geschichte und Heil, wobei die Wahrheit der Geschichte des Christus das Heil eröffnet und schenkt[145].

Ein eigentümliches Rätsel bleibt die Kommemoration der Stiftung des Abendmahls in der Gründonnerstagsliturgie, wie sie uns durch Egeria beschrieben (35, 2) und durch das Armenische Lektionar indirekt bestätigt wird (XXXIX

143 Vgl. hierzu meinen Beitrag: Die Grundstruktur der Taufe, JbLH 22 (1978), 1–14.

144 Dazu noch immer W. NAUCK, Die Bedeutung des leeren Grabes für den Glauben an den Auferstandenen, ZNW 47 (1956), 243–267.

145 Für den Jerusalemer Taufritus im einzelnen kann ich noch immer auf meine Arbeit: Geschichte des Taufgottesdienstes in der Alten Kirche (Leiturgia 5; Kassel 1970), 199–207, verweisen.

f.). Wie schon kurz berichtet[146], fand 383 an diesem Tag der Karwoche am Nachmittag ein eucharistischer Gottesdienst im Schiff der Konstantinsbasilika statt (*fit ipsa die oblatio ad Martyrium,* 35, 1), der um die zehnte Stunde mit der Entlassung *(missa)* schloß. Sofort anschließend daran geht die Gemeinde in das südliche Seitenschiff, dorthin, wo der Golgotafelsen an, oder besser wohl in die Kirche reicht, und hier *post Crucem* findet nach Hymnus und Gebet, also ohne eigene Lesungen, eine weitere Eucharistiefeier statt, bei der alle kommunizieren. Egeria schreibt ausdrücklich, dies sei der einzige Tag im Jahr, an dem an dieser Stelle Abendmahlsgottesdienst gehalten wird[147]. Seit der Gründonnerstag weitere Aspekte an sich gezogen hatte wie die Weihe der heiligen Öle und die Wiederaufnahme der Büßer, waren mehrere Messen an diesem Tage auch in andern Riten nichts ungewöhnliches. Aber dies liegt in Jerusalem im 4. Jahrhundert noch nicht vor. Wir hören auch noch nichts von einem Ritus der Fußwaschung[148]. Noch die Lesungen des Armenischen Lektionars - auch hier für beide „Darbringungen" nur einmal genannt -, 1Kor. 11, 23-32 und Mt. 26, (17.) 20-30, sprechen deutlich aus, daß Gegenstand der Kommemoration allein die Einsetzung des Abendmahls ist. Nun ist allerdings gerade deshalb Anfang des 5. Jahrhunderts noch ein dritter Gottesdienst angefügt mit im wesentlichen dem gleichen Formular, nur tritt das Parallelevangelium aus Markus an die Stelle der Matthäuslesung, ein Gottesdienst, der nun in der Zionskirche stattfindet; denn der Zion gilt jetzt als Ort des letzten Mahles[149]. Die fortschreitende „Historisierung" führt also zu einer Hypertrophierung der Liturgie. Was aber soll die Verdopplung schon im 4. Jahrhundert? Ich habe noch keine vollständige Antwort auf diese Frage. Aber deutlich ist doch, daß die zweite *oblatio* mit Kommunion der ganzen Gemeinde am Golgotafelsen das eucharistische Mahl in entsprechender Weise an das Kreuz Christi bindet wie die Mystagogischen Katechesen es mit der Taufe im Blick auf das Grab tun. Das Selbstopfer Christi auf Golgota ist der Grund der Eucharistie der Kirche, die ja selbst ein Opfer genannt wird[150].

146 S. 33, Anm. 9.

147 c. 35,2: *Facta ergo missa Martyrii uenitur post Crucem, dicitur ibi unus ymnus tantum, fit oratio et offeret episcopus ibi oblationem et communicant omnes. Excepta enim ipsa die una per totum annum nusquam offeritur post Crucem nisi ipsa die tantum. Facta ergo et ibi missa, itur ad Anastase* ... p. 85,29-86,3 ed. GEYER; p. 79,11 ff. ed. FRANCESCHINI-WEBER in CChL 175.

148 Für den späteren Jerusalemer Brauch vgl. etwa A. BLUDAU, Die Pilgerreise der Aetheria (Paderborn 1927), 130-133. Schon das Georgische Lektionar setzt die Fußwaschung voraus.

149 Weil er das alte Gemeindezentrum Jerusalems beherbergte, vgl. ZDPV 87 (1971), 169 f. Auf die Zions-Kirche ist aber später noch zurückzukommen.

150 Das Wort *oblatio* im Sprachgebrauch Egerias meint den eucharistischen Gottesdienst im engeren Sinn. Daß alle Anwesenden kommunizieren, ist nicht vorausgesetzt, sonst brauchte die Son-

Auch wenn diese in den verschiedenen liturgischen Ordnungen in ähnlicher Weise zum Ausdruck kommende Konzeption einer Theologie der Christusmemorialstätten sich schon im 5. Jahrhundert wieder zu ändern begann unter dem Druck immer neu entdeckter Zeugen der Heilsgeschichte, zu denen nun auch Reliquien gehören, so ist doch die Verknüpfung von christlichem Glauben und seiner Verankerung in Raum und Zeit im Weg Jesu von Nazareth, wie ihn gerade diese Jerusalemer Bauten an den überlieferten Orten festhalten, seit damals durch alle Jahrhunderte lebendig geblieben.

II.
Exkurs: Tempel und Golgota

1. Das Thema der genauen Lokalisierung des jüdischen Tempels auf dem heutigen *Ḥaram eš-Šerīf* gehört an sich nicht in den Rahmen dieser Studien, denn der Tempelplatz zählte in byzantinischer Zeit nicht zu den Memorialstätten, die Eingang in den christlichen Festkalender gefunden hätten. Es gab auf ihm keine Kirche oder Kapelle. In späteren Legenden vom Ursprung des Felsendoms ist das auch ausdrücklich festgehalten. So schreibt *Ibn-Batrīq,* mit seinem griechischen Namen Eutychios, im 10. Jahrhundert melkitischer Patriarch von Alexandrien, in seinen Annalen, Patriarch Sophronios von Jerusalem hätte 638 bei den Übergabeverhandlungen dem Kalifen Omar berichtet, daß die Christen unter Berufung auf die Herrenworte Mt. 23,38 und 24,2 diesen Ort wüst gelassen und auf ihm keine Kirche gebaut hätten[151]. In islamischer Zeit entstand hier ein

dersituation an Gründonnerstag nicht besonders betont zu werden. Vgl. auch A. A. R. BASTIAENSEN, Observations sur le vacabulaire liturgique dans l'Itinéraire d'Égérie (Latinitas Christianorum primaeva 17, Nijmegen 1962), 81 f.

151 Eutychii patriarchae Alexandrini annales, ed. L. CHEIKHO (CSCO 51/Ar 7 = Ar III 7; Beirut 1909), 17; zit. nach der lat. Übers. in D. BALDI, Enchiridion Locorum Sanctorum (Jerusalem 1935), 565 f. Allerdings stellt diese Fassung der Annalen eine sekundäre, antiochenische Überarbeitung des ursprünglichen Eutychiostextes dar, das hat jetzt M. BREYDY gezeigt: Mamila ou Maqella? La prise de Jérusalem et ses conséquences (614 AD) selon la récension alexandrine des Annales d'Eutychès, OrChr 65 (1981), 62–86. Nach einem Überlieferungsstrang des Breviarius von 658 befand sich auf der Tempelzinne „wo der Satan unseren Herrn Jesus Christus versucht hat" eine *basilica in cruce* (p. 155, 9 f. ed. GEYER; p. 112, 119 f. ed. WEBER in CChL 175); man hat versucht, diesen Bau auf der Madabakarte wiederzufinden, so auch DONNER, Pilgerfahrt, 238, Anm. 27a; er lag jedenfalls nicht auf dem eigentlichen Tempelplatz. Gerade die Madabakarte bestätigt im übrigen, daß diese Fläche für die Christen in byzantinischer Zeit keine „heilige Stätte" war: sie ist faktisch auf der Jerusalem-Vignette nicht abgebildet. WILKINSON findet in seinem Beitrag: Christian Pilgrims in Jerusalem During the Byzantine Period, PEQ 108 (1976), [75–101] 100 auf der Madabakarte keine Kirche im Bereich des Tempelplatzes, er wird Recht haben; vgl. auch Ders., Jerusalem Pilgrims, 61 Anm. 5. Die Haltung der Christen gegen-

„Gebetshaus“, also eine Moschee, wie es der Pilger Arkulf um 670 bereits notiert hat[152]. Erst in der Kreuzfahrerzeit gilt dieser Ort dann auch als den Christen heilig und der Felsendom als Nachfolger des Salomonischen Tempels[153].

Daß dieser Tempel auf dem heutigen *Ḥaram eš-Šerīf* gestanden hatte, war natürlich in byzantinischer Zeit bekannt, und alle Hypothesen über seinen genauen Standort müssen notgedrungen auch die Informationen verarbeiten, die Christen aus Jerusalem oder Pilger hinterlassen haben, die bis ins 5. Jahrhundert noch berichten, daß Überreste des Herodianischen Baus zu sehen seien. Schlüsselfrage für uns, nicht für die genannten Berichte, ist das Verhältnis der *ṣaḫra,* des heiligen Felsens, der dem Felsendom seinen Namen gegeben hat, zum jüdischen Tempel. Im allgemeinen geht man davon aus, daß über der *ṣaḫra* das Allerheiligste – so etwa HANS SCHMIDT – oder der Brandopferaltar gestanden habe – so GUSTAV DALMAN –, um nur die bekanntesten deutschen Vertreter dieser Sicht zu nennen. Für andere Lösungen haben in letzter Zeit THEODOR A. BUSINK, der den Tempel nördlicher auf der Höhe des Goldenen Tores vermutet, und ERNST VOGT wie BELLARMINO BAGATTI plädiert, die ihn mit gewichtigen Argumenten weiter südlich ansetzen, also zwischen dem heutigen Felsendom und der *Aqṣa*-Moschee[154]. Die *ṣaḫra* markiert unbestritten den höchsten Punkt

über diesem Ort wird auch durch einen alten, schon legendarisch geformten Bericht über die Vorgänge in Jerusalem am 18. und 19. Ayyar (= Mai) 363, als der Versuch eines Wiederaufbaus des Tempels scheiterte, bestätigt, auf den S. P. BROCK hingewiesen hat: The Rebuilding of the Temple Under Julian: A New Source, PEQ 108 (1976), 103–107. Diese neue Quelle ist ein nur in syrischer Übersetzung erhaltener, ursprünglich griechisch abgefaßter angeblicher Brief Kyrills von Jerusalem, den BROCK aber doch noch um 400 datiert.

Korrekturnachtrag:

Vollständiger Text in engl. Übers. durch S. P. BROCK, A Letter Attributed to Cyril of Jerusalem and the Rebuilding of the Temple, Bulletin of the School of Oriental and African Studies (1977), 267–286. Ph. WAINWRIGHT brachte inzwischen bemerkenswerte Argumente für die Echtheit des Briefes: The Authenticity of the Recently Discovered Letter Attributed to Cyril of Jerusalem, Vigiliae Christianae 40 (1986), 286–293.

152 Seine Aufzeichnungen sind dann bekanntlich von Adomnanus in seinen drei Büchern über die Hl. Stätten ediert worden; p. 226f. ed. GEYER in CSEL 39; p. 186, 60ff. in CChL 175.

153 Vgl. dazu nun H. BUSSE, Vom Felsendom zum Templum Domini, in: W. FISCHER–J. SCHNEIDER (Hrsg.) Das Heilige Land im Mittelalter. Begegnungsraum zwischen Orient und Okzidenent (Schriftenreihe des Zentralinstituts für Fränkische Landeskunde und Allgemeine Regionalforschung an der Universität Erlangen-Nürnberg, 22; Neustadt a.d. Aisch 1982), 19–32.

154 H. SCHMIDT, Der Heilige Fels in Jerusalem. Eine archäologische und religionsgeschichtliche Studie (Tübingen 1933); G. DALMAN, Neue Petra-Forschungen und der Heilige Felsen von Jerusalem (Leipzig 1912); TH.A. BUSINK, Der Tempel von Jerusalem von Salomo bis Herodes, Bd. I (Leiden 1970); E. VOGT, Vom Tempel zum Felsendom, Biblica 55 (1974), 23–64; B. BAGATTI hatte sich zum Thema schon früher verschiedentlich geäußert, ich beziehe mich jetzt auf die wichtige Zusammenfassung seiner einschlägigen Arbeiten in franz. Sprache: Recherches sur

im Gelände, aber sie weist offenbar keine Bearbeitungsspuren auf, die noch erkennen lassen, daß sie Basis für die Mauern des Allerheiligsten oder für den Brandopferaltar gewesen wäre. Sie ist unverkennbar die Mitte des islamischen *ḥaram,* aber ob die Nordgrenze dieses heutigen heiligen Bezirks sich mit der des Temenos um den herodianischen Tempel deckt, ist strittig. Diese Fragen lassen sich nicht ohne Berücksichtigung auch der Berichte christlicher Pilger in byzantinischer und frühislamischer Zeit angehen. Wenn auch dies patristische Material für die jeweiligen Begründungen unterschiedliches Gewicht hat, fehlt es doch nirgends. Auch HERBERT DONNER, der vor kurzem wieder für die traditionelle Sicht eingetreten ist und mit der Traditionsgeschichte argumentiert, in der Vorstellungen über die kosmische Bedeutung des „Gründungssteins" des Tempels in jüdischer Literatur noch heute an der islamischen *ṣaḫra* hingen, also in beiden Fällen der gleiche Fels gemeint sei, verweist auf die byzantinische Ära, denn daß die genannten Vorstellungen bereits vorislamisch sind, zeige eben die Beobachtung, daß sie schon in altkirchlicher Zeit auf den Golgotafelsen übertragen worden seien[155].

Damit nimmt DONNER eine These von JOACHIM JEREMIAS auf, der bereits 1926 frühchristliche Aussagen über Golgota mit den genannten jüdischen und islamischen Überlieferungen vom heiligen Fels verglich und gezeigt hatte, daß die Aussagen vom Grab Adams, vom Erdmittelpunkt, von der Blutspur und vom Opfer Abrahams und Melchisedeks, die nach Pilgerberichten des 6. Jahrhunderts nun an Golgota hängen, in jüdischer Tradition mit dem Tempel verbunden waren. Da sich bei den Samaritanern wenigstens teilweise entsprechende Erzählungen auf den Berg Garizim beziehen, liegt der Schluß nahe, daß derartige Vorstellungen, wenigstens in Palästina, jeweils das Zentralheiligtum kennzeichnen. Im Blick auf diese Ortsüberlieferungen Golgotas aus der Zeit vor den Kreuzzügen fiele auf, „wie gering im ganzen ihre Beziehungen zu den geschichtlichen Vorgängen bei der Kreuzigung Jesu waren. Begründet ist dies dadurch, daß es sich ... um Vorstellungen handelt, die älter sind als das Christentum. Gemeinsam ist ihnen ausnahmslos, daß sie Entsprechung und Heimat am Brandopferaltar bzw. am *'eben šətiyyā* des Tempelplatzes hatten und daß sie zur Symbolsprache des morgenländischen Heiligtums gehörten" (S. 50). Einen möglichen Einwand gegen diese Sicht haben die vorangehenden Studien zu den Memorialstätten am Grabe Christi anscheinend widerlegt: gerade nach Jerusalemer

le site du Temple de Jérusalem (Ier–VIIe siècle) (Publ. du Studium Biblicum Franciscanum, coll. min. 22; Jerusalem o. J. [1979]), bes. 11–42 mit Beobachtungen, die auch den Straßenverlauf in byzantinischer Zeit klären helfen.

155 H. DONNER, Der Felsen und der Tempel, ZDPV 93 (1977), 1–11; vgl. J. Jeremias (Anm. 100).

Tradition gehört der Golgotafelsen seit alter Zeit in diesen Gesamtkomplex hinein; insofern ist ein Vergleich mit anderen „Zentralheiligtümern“ angemessen. Wenn man die Bedeutung heiliger Steine im syrisch-semitischen Raum von Bethel bis zur Kaaba hinzunimmt, scheint sich die Analogie zwischen dem *šətiyyā*-Stein in rabbinischer Literatur und dem Golgotafelsen aufzudrängen. Der Schluß auf eine kultgeschichtliche Erbfolge liegt da nahe.

Das für diese Überlieferungen bei Juden und Christen einschlägige Material hat JOACHIM JEREMIAS umfassend und sorgfältig zusammengetragen, es läßt sich auch heute nur selten ergänzen. Die Ergebnisse der neuen archäologischen Sondierungen scheinen das Gewicht der Analogien eher noch zu verstärken: *ṣaḫra* und Golgota weisen nun ein gemeinsames Merkmal auf, von dem JEREMIAS noch nichts wissen konnte, eine tiefe Höhlung im Stein. Und falls der Fels auf dem Tempelplatz nach der ersten Zerstörung 70 n. Chr. oder spätestens seit Hadrian frei sichtbar oder zugänglich gewesen war – auf diese Gegebenheit ist noch zurückzukommen –, war nun auch für das Auge ein Vergleich mit Golgota möglich, dem Felsen, der inmitten der neuen Stadt Aelia Haftpunkt kultischer Verehrung war. Dennoch scheinen mir Rückfragen an die These von JOACHIM JEREMIAS und HERBERT DONNER nötig.

2. Die Legende, daß Adam dort begraben wurde, wo später das Kreuz Christi aufgerichtet worden ist, läßt sich, wie JEREMIAS mit Recht herausstellt, bis ins 3. Jahrhundert zurückverfolgen, in einem Katenenfragment zu Mt. 27, 33, das wohl auf Origenes zurückgeführt werden kann[156]. Der damals längst in Caesarea in Palästina lehrende Alexandriner[157] beruft sich für diese Tradition auf Hebräer, also Judenchristen, und begründet sie mit 1Kor. 15, 22 (und Kol. 2, 15). Die soteriologische Intention dieses Theologumenons in Legendenform ist damit sicher zutreffend erfaßt, aber gerade wenn es judenchristlicher Herkunft sein sollte, ist es kaum aus einem paulinischen Konzept abzuleiten. Dieser judenchristliche Ursprung ist aber überaus wahrscheinlich, dafür spricht vor allem die Entfaltung des Motivs in der „Syrischen Schatzhöhle“, einem Text, der in der vorliegenden Form schon die konfessionelle Spaltung des christlichen Orient voraussetzt, seinen Ursprung aber in judenchristlichem Milieu etwa des 4. Jahrhunderts

156 Comm. in Mt frgm. 551 II und III (p. 225 f. ed. KLOSTERMANN-BENZ in GCS 41,1 = Origenes Werke XII/3). Das Material zu dieser Überlieferung ist z. T. schon von K. HOLL gesammelt worden: Über Zeit und Herkunft des pseudotertullianischen Gedichtes adv. Marcionem (1918), in: Ders., Gesammelte Aufsätze III (Tübingen 1928), [13–53] 36 ff.; vgl. jetzt auch B. BAGATTI, Note sull'iconografia di „Adamo sotto il Calvario“, Liber Annuus 27 (1977), 5–32.

157 Zur Datierung des Matthäuskommentars auf die Jahre 248/49 vgl. zuletzt P. NAUTIN, Origène (Paris 1977), 376 f.

haben wird[158]. Die aufgenommenen Traditionen sind aber oft erheblich älter. Dazu würde es auch passen, daß vielleicht schon Julius Africanus, der Zeitgenosse des Origenes, unsere Überlieferung kannte[159] und sie bei Epiphanios von Salamis breit ausgemalt erscheint (pan. 46, 5, 1 ff.); beide waren Palästinenser.

Seit wann ist dieses Theologumenon aber nun als Ortsüberlieferung in Jerusalem nachweisbar? Pilgerberichte und andere Quellen scheinen auf eine relativ späte Verknüpfung des realen Golgotafelsens mit dem Adamsgrab zu weisen. Kyrill erwähnt sie nirgends; das kann nur heißen, daß er diese Überlieferung ablehnt. Hesychios, der so gern Feste und Memorialstätten miteinander verbindet, kommt in seinen Osterpredigten wohl auf die Erlösung Adams durch den Gekreuzigten und Auferstandenen zu sprechen im Sinne der alten Passa-Tradition, aber er erwähnt das Grab Adams oder seinen Schädel unter dem Kreuz nie[160]. Hieronymus dagegen weiß um unsere Überlieferung, er kann sie gelegentlich aufnehmen, hat sie aber auch scharf bekämpft[161]. Die Adamskapelle in

158 C. BEZOLD, Die Schatzhöhle, nach dem syr. Text der Handschriften zu Berlin, London und Rom, nebst einer arab. Version nach den Handschriften zu Rom, Paris und Oxford (Leipzig 1888); A. BATISTA-B. BAGATTI, La caverna dei tresori. Testo arabo con trad. italiano e commento (Studium Biblicum Franciscanum, coll. min. 26, Jerusalem 1980); eine deutsche Übers. auch bei P. RIESSLER, Altjüdisches Schrifttum außerhalb der Bibel (Augsburg 1928), 942–1013. Zu diesem Text vgl. noch immer A. GÖTZE, Die Schatzhöhle. Überlieferung und Quellen (SHAW.PH 1922,4; Heidelberg 1922); ferner R. STICHEL, Jüdische Tradition in christlicher Liturgie: Zur Geschichte des Semantrons, CAr 21 (1971), [214–228] 219 f.; G.J. REININK, Der Verfassername „Modios“ der syr. Schatzhöhle und die Apokalypse des Pseudo-Methodios, OrSyr 67 (1983), 46–64; vgl. ferner hier Anm. 165.

159 HOLL schloß dies aus einem bei MONTFAUCON, Coll. Nova patr. gr. II 105 edierten Frgm. aus einer Johannes-Catene, nach dem der Africanus und Athanasios über das Grab Adams geschrieben hätten, op. cit. 36 Anm. 3; ihm folgt JEREMIAS, 34 Anm. 2. „Athanasios“ dürfte die kurz nach 400 entstandene ps.athanasianische Homilie *de passione et cruce Domini* sein, PG 28, col. 208.

160 Vgl. die beiden Passa-Homilien ed. AUBINEAU (SC 187; Paris 1972), I 3, 14 (p. 64); 6,25 (p. 66); II 4,13 (p. 126); jetzt in: Les homélies festales d'Hésychius de Jérusalem (Subs. Hag. 59, Brüssel 1978), hom. III (p. 92 und 94); hom. IV (p. 116); ferner hom. XI *in s. Lazarum* 5, 1–21 (p. 410 ff.) mit der großartigen Ansprache des Lazarus an Adam. Auch Euseb von Emesa hat in Jerusalem bei der Predigt über die Versuchungsgeschichte Adam und Christus verglichen, AKINIAN IV, vgl. LEHMANN, 186; vgl. auch AKINIAN V = BUYTAERT, L'héritage littéraire d'Eusèbe d'Émèse (Bibl. du Muséon, 24; Louvain 1949), c. 8, p. 82. Es sieht so aus, als hätte der gebürtige Edessener Traditionen von den Versuchungen Adams gekannt, wie sie sich in dem morgenländischen Adamsbuch (vgl. Anm. 165) niedergeschlagen haben. Die eben schon genannte Homilie über die Passion führt die Analogie Adam – Christus als überbietende Typologie in der Weise des Irenäus in vielen Einzelzügen mit glanzvoller Rhetorik vor, c. 15, p. 85 BUYTAERT. *Dies etiam crucifixionis dies delicti Adae,* vgl. c. 17, p. 86. Nirgends aber findet sich eine Anspielung auf das Adamsgrab oder ein sonstiger topographischer Hinweis in Verbindung mit der Adamsgestalt. Im 4. Jh. ist diese Tradition im offiziellen Jerusalem abgerissen.

161 ep. 36,3; in epist. ad Eph. 5,14; in Mt. 27,33; vgl. quaest. Hebr. in Gen. zu 32,2, dazu HOLL, 39 f.

der Grabeskirche selbst ist nicht vor dem 7. Jahrhundert nachweisbar. JEREMIAS schloß einleuchtend, daß sie zum Wiederaufbau unter Modestos nach der Zerstörung durch die Perser gehört haben wird (S. 36f.). CHARLES COÜASNON stimmte dem an sich zu, hielt allerdings ein höheres Alter für wahrscheinlich [162]. Offiziell ist die Legende vom Grab Adams unter Golgota also wohl erst im 6. Jahrhundert von der Jerusalemer Kirche rezipiert worden. Auch dies ließe sich als Analogie zur Aufnahme anderer ursprünglich judenchristlicher Traditionen im christlichen Aelia seit dem 2. oder 4. Jahrhundert verstehen [163]. Auf die Sache gesehen wäre dabei aus einer ursprünglich „abstrakten" theologischen Konzeption eine konkrete Ortstradition geworden.

Aber die offizielle Stellungnahme der Jerusalemer Kirche gibt sicher nicht das ganze Bild. In den letzten Jahren haben nun BELLARMINO BAGATTI, EMMANUELE TESTA und andere franziskanische Gelehrte in Jerusalem eine ganz andere Sicht entwickelt [164]. Sie lokalisieren den Adamskult und damit das Adamsgrab im Golgotafelsen bereits in der judenchristlichen Gemeinde der Stadt vor Hadrian; Haftpunkt hierfür sei – wie schon zuvor kurz festgestellt – die Höhle im Fels, die bei den 1974 begonnenen archäologischen Untersuchungen entdeckt wurde. Sie war auch nach dieser Hypothese Ort der Venus-Verehrung in Aelia vor Konstantin, aber eben in der Kultnachfolge des Adamsgrabes. In den judenchristlichen Gemeinden oder Gruppen sei diese Überlieferung auch nach 135 bewahrt worden. Da die Höhlung im Konstantinsbau nicht mehr zugänglich war, mußte sich die Frömmigkeit später einen anderen lokalen Haftpunkt suchen, das Ergebnis ist die Adamskapelle nun auf der Westseite des Felsens. Um den theologisch-religionsgeschichtlichen Zusammenhang aufzuhellen, greift diese Schule sicher mit Recht auf den ganzen Kreis altkirchlicher, auf judenchristliche Tradition zurückgehender Adamsbücher zurück, neben der Syr. Schatzhöhle auf den damit verwandten äthiopisch und arabisch überlieferten „Kampf Adams", besser wohl „Kampf Adams und Evas", sowie das (ps. klem.) „Buch der Offenbarung" [165]. Man könnte den Kreis der heranzuziehenden

162 S. 50.

163 Wie die Jakobus-Tradition und das Passa/Osterfest, vgl. ZDPV 87 (1971), 167ff.

164 Vgl. insbesondere B. BAGATTI-E. TESTA, Il Golgota e la Croce (Studium Biblicum Franciscanum, coll. min. 21; Jerusalem 1978), ferner den in Anm. 156 genannten Aufsatz und Anm. 165.

165 E. TRUMPP, Der Kampf Adams (gegen die Versuchungen des Satans), oder: Das christliche Adambuch des Morgenlandes. Äth. Text vergl. mit dem arab. Originaltexte (ABAW.PP 15,3; München 1880); dt. Übers.: A. DILLMANN, Das christliche Adambuch des Morgenlandes, Jb. der Bibl. Wissenschaft 5 (1852/53), 1–144; A. BATTISTA-B. BAGATTI, Il Combatimento di Adamo. Testo arabo inedito con trad. italiana e commento (Studium Biblicum Franciscanum, coll. min. 29; Jerusalem 1982); S. GRÉBAUT, Littérature éthiopienne pseudoclémentine. III. Traduction du Qalêmentos, ROC 16 (1911), 72–81. 167–175. 225–233; 17 (1912), 16–31. 133–144.

Schriften noch erweitern. Denn die Verknüpfung von Kreuz Christi und Grab Adams gehört sicher in den Zusammenhang der christlichen Aufnahme jüdischer Adamsüberlieferung überhaupt, wie wir sie etwa schon im Protevangelium Jacobi aus dem 2. Jahrhundert, auch palästinensischer Herkunft, konstatieren können. Die Vorgeschichte der Genealogien der Syr. Schatzhöhle läßt sich jetzt durch die in Nag-Hammadi aufgefundene Adams-Apokalypse deutlicher in vorchristliches Milieu zurückführen[166]. Das ist in unserem Zusammenhang hier nicht zu leisten. Wichtig ist jetzt nur, daß erst im Kontext jüdischer Adamstheologie die Spitze des Theologumenons vom Grab des Ersterschaffenen unter dem Kreuz deutlich wird: letztlich nicht aufgrund seiner edlen Herkunft und nicht durch seine Buße wird Adam erlöst, sondern allein durch das Kreuz Christi. Das schriftgelehrte Bestreben, den überlieferten seltsamen Namen Golgota, „Schädel", zu interpretieren, kam hinzu. Die hier genannten christlichen Adamsbücher haben ihre schriftliche Fixierung erst spät erhalten, aber es spricht nichts dagegen, daß derartige Traditionen schon um 100 n.Chr. ausgeformt worden sind, auch wenn noch viele Generationen an ihnen gearbeitet haben. Sie wären dann eine wichtige Ergänzung zu den Überlegungen über die Heilsbedeutung des Kreuzes in frühchristlicher Zeit[167]. Aber natürlich sind wir damit im Bereich theologischer Konzeptionen geblieben, denn diese Legende ist eben primär nicht topographisch, sondern soteriologisch orientiert. Wenn die genannten Jerusalemer Gelehrten nun daraus auf eine feste Lokaltradition aus der Zeit zwischen den beiden jüdischen Aufständen schließen, gehen sie einen entscheidenden Schritt weiter. Daß sie hierfür keinerlei archäologischen oder literarischen Beleg beibringen können, verwundert nicht; denn für diesen Abschnitt der Geschichte der Jerusalemer Christenheit haben wir eben fast gar keine zuverlässige Überlieferung. Dennoch gibt es zumindest einen Hinweis darauf, daß die Identifizierung von Golgota und Adamsgrab als topographische Aussage hinter das 4. Jahrhundert zurückreicht, es ist der bereits diskutierte Brief Kaiser Konstantins aus dem Jahre 326 an Bischof Makarios[168].

244–253. 337–346; 18 (1913), 69–78; 19 (1914), 324–330; 20 (1915/17), 33–37. 424–430; 21 (1918/19), 246–252; 22 (1920/21), 22–28. 113–117. 395–400; 25 (1925), 22–31. Zu dieser ganzen Literatur vgl. die Bibliographie bei ALBERT-MARIE DENIS, Introduction aux pseudépigraphes grecs d'Ancien Testament (SVTP 1; Leiden 1970), 8 ff.

166 NHC V 5 (p. 64,1–85,32). Schon GÖTZE hatte übrigens die christlichen Adamslegenden auf das Milieu der sethianischen Gnosis zurückgeführt; dieselbe recht wenig präzise Bestimmung dient heute bisweilen zur näheren Bestimmung des Kreises, aus dem die ganze Bibliothek von Nag Hammadi stammt. Der ganze Komplex der jüdisch-christlichen Adams-Legenden bedürfte einer neuen Bearbeitung.

167 S. 72 f.

168 S. 58, bes. Anm. 85.

Inzwischen ist auch ein nur georgisch erhaltener archaischer Text bekanntgeworden mit dem Titel „Über unseren Heiland Jesus Christus und die Kirchen", der einem Barsabbas von Jerusalem zugechrieben wird[169] und tatsächlich Jerusalemer Kolorit zu haben scheint. Die Untersuchungen des Herausgebers und Übersetzers MICHEL VAN ESBROECK zeigen, daß damit offenbar Justus, der 3. (oder 11.) in der Liste Jerusalemer Bischöfe „aus der Beschneidung" nach Euseb gemeint ist (HE IV 5, 3). Tatsächlich ist der Verfasser aber Heidenchrist, der anscheinend seine Exegese der „Schrift", d.h. des christlichen Alten Testamentes[170], gerade gegen die ebionitische Christologie des wahren Propheten entwikkelt. Auch ihm geht es um die Erlösung Adams[171], er verbindet sie aber nach der bekannten altkirchlichen, besonders kleinasiatischen Tradition mit dem *descensus ad inferos.* Vom Adamsgrab unter Golgota hören wir nichts; an das Holz des Kreuzes hat Christus das Haupt der Schlange „genagelt" und so den Tod getötet (nach Gen. 3, 15)[172]. Aber der Text nennt Jerusalem „die Stadt Adams"[173]. Das ist eine vieldeutige Wendung, man kann sie auf die Erschaffung Adams oder sein Grab beziehen. Aber sie mag immerhin als Hinweis darauf gelten, daß auch für Christen mit dem Namen Adam ein klarer geographischer Bezug mitgesetzt sein konnte. Falls der Text noch in das 2. Jahrhundert gehört, wäre dies immerhin ein Beitrag zu unserem Thema.

Für eine Lokaltradition vom Adamsgrab unter Golgota, die bis an den Anfang des 2. Jahrhunderts zurückreicht, hat sich kein Beweis gefunden, aber es gibt doch auch keinen klaren Gegenbeweis. Im Blick auf das Problem einer Übertragung von Überlieferungen, die am Hl. Fels des Tempelplatzes hingen, auf den

169 Barsabée de Jérusalem. Sur le Christ et les Eglises. Introd., éd. du texte géorg. et trad. franç. par MICHEL VAN ESBROECK (PO 41,2 = Nr. 187; Turnhout 1982).

170 c. 42, p. 251 (107), 6 werden ausdrücklich „Schrift" und die „Evangelien" einander gegenübergestellt.

171 c. 6, p. 211 (67), 23ff.; c. 7, p. 213 (69), 14f.; c. 10, p. 215 (71), 13f.; c. 43, p. 251 (107), 17ff.

172 c. 9, p. 215 (71), 6f.

173 c. 43: „O le mystère évident: afin de l'affirmer hors de la ville d'Adam, il prit de la poussière de la terre dont il avait fait Adam, et il en remplit le firmament pour proclames qu'il est lui-même Celui qui a créé Adam, c'est-à-dire qui faisant voir les yeux des aveugles (a recréé) le mutilé à partir de la même terre", p. 251 (107), 17–253 (109), 2 der Übers. VAN ESBROECKs. Es handelt sich um eine Auslegung der Heilung des Blindgeborenen, Joh. 9. „Außerhalb der Stadt" verweist auf die Lage des Teiches Siloah, wie zuvor auch gesagt wurde, daß Jesus am Teich Bethesda geheilt habe, „als er die Stadt verließ", c. 42, p. 251 (107), 10f. Beide Wunder weisen anscheinend auf die Taufe, von der es c. 11, p. 215 (71), 20ff. heißt, daß die Heiden durch sie und das Holz des Kreuzes gerettet werden. Im Brei aus Erde und Speichel nach Joh. 9,6 sieht der Verf. den Staub, aus dem Adam gebildet wurde, und die Himmelskraft – weil es der Speichel Jesu ist – miteinander verbunden. VAN ESBROECK möchte der Wendung „Stadt Adams" Kenntnis der Tradition entnehmen, die sich in der Syr. Schatzhöhle niedergeschlagen hat, daß Adam am Orte Golgota geschaffen und begraben wurde, S. 251 (107) Anm. 260, vgl. S. 199f. Aber diese Präzision scheint mir der Ausdruck nicht herzugeben.

Golgotafelsen hat diese Möglichkeit jedoch einen besonderen Reiz: es ist die Zeitspanne, in welcher der Tempel bereits niedergebrannt war und damit die *ṣaḫra* möglicherweise sichtbar samt der Höhlung in ihr und auch der Golgotafelsen gleichfalls mit einer Höhlung - wenn sie, wie anzunehmen, älter ist als 135 - in der Nordstadt noch frei aufragte, die einzige Epoche seit Kreuzigung und Auferstehung des Herrn bis zur Gegenwart. Eine Hypothese, die hieran anknüpfen wollte, wäre freilich von der durch JOACHIM JEREMIAS entwickelten Deutung unterschieden. Der Göttinger Gelehrte hatte vor allem mit der vergleichenden Religionsgeschichte argumentiert. Den in der Nähe des Grabes Christi sichtbaren Golgotafelsen damals ein christliches Zentralheiligtum nennen zu wollen, wäre aber doch abwegig. Die Vergleichbarkeit der beiden heiligen Stätten wäre für diese Zeit nur anders zu begründen, etwa so, daß das Kreuzesopfer Christi das Ende des alttestamentlich-jüdischen Opferkultes gebracht hat[174]. Ob dies freie Spekulation oder eine ernsthaft zu erwägende Möglichkeit ist, bedarf zunächst der Überprüfung am vorchristlichen jüdischen Parallelmaterial.

Eine feste Tradition vom Grabe Adams gibt es seit dem Ende des 2. Jahrhunderts n. Chr.; es wird jetzt nach Hebron in die Höhle Machpela verlegt. Das mag, wie JOACHIM JEREMIAS vermutete, ein Ersatz dafür sein, daß der Tempelplatz seit Hadrian für Juden nicht mehr zugänglich war[175]. Aber der Nachweis einer älteren Vorstellung vom Adams-Grab unter dem Altar des Jerusalemer Tempels scheint mir bei nüchternem Zusehen doch nicht erbracht, weder dem Jubiläenbuch noch den alten Adams-Büchern ist er jedenfalls zu entnehmen[176]. Nun ist

174 Zu dieser These im Judenchristentum, besser in den ps.Klementinen, also einem Strang judenchristlicher Theologie, vgl. noch immer H.-J. SCHOEPS, Theologie und Geschichte des Judenchristentums (Tübingen 1949), 202–211. 219–255. 155–159.

175 S. 39; das andere Argument, man habe Anstoß daran genommen, das Heiligtum mit Leichenunreinheit in Verbindung zu bringen, müßte wohl präzisiert werden: die rabbinischen Reinheitsvorschriften stoßen sich jetzt, nach ihrer Kodifizierung, mit älteren volkstümlichen Vorstellungen - wenn diese älteren Vorstellungen bestanden, d. h. für uns nachweisbar sind. JEREMIAS hat seine Sicht 1956 noch einmal bestätigt in „Heiligengräber in Jesu Umwelt" (Anm. 115), 96–98.

176 Jub. 4,29 sagt, daß Adam im Lande seiner Erschaffung begraben wurde; nach 3,32 wäre das „Elda", ein Ort, der ausdrücklich vom Paradies, dem Garten Eden unterschieden ist. Der Zion, also der Tempelberg, ist neben dem Garten Eden (dem Berg des Ostens) und dem Sinai einer der drei (bzw. nach 4,26 vier) Gott geheiligten Orte, die einer dem anderen gegenüberstehen (4,26; 8,19); die Schilderung vom Leben Adams und Evas nach der Vertreibung aus dem Paradies macht es kaum vorstellbar, daß „Elda" mit dem Zion identisch sein sollte. Wenn man der Analyse G. L. DAVENPORTS folgt, hat erst ein in Qumran lebender Redaktor das deutliche Interesse am Tempel eingebracht, ihm seien auch die vv. 4,26 und 8,19 zuzuschreiben. Doch auch dieser Redaktor hat keine Verbindungslinien zwischen Adams Erschaffung oder Begräbnis und dem Zion hergestellt; vgl. G. L. DAVENPORT, The Eschatology of the Book of Jubilees (StPB 20; Leiden 1971), bes. S. 30 n. 2 u. 3. In den beiden Rezensionen des bekanntesten Adamsbuches

es eine bekannte Eigenart der jüdischen Überlieferung, daß auch in späten Texten noch sehr alte Traditionsstücke bewahrt und vielleicht erstmals schriftlich fixiert worden sein können. Doch auch in dieser Literatur haftet das Interesse offenbar mehr an Jerusalem als Ort der Erschaffung Adams als dem seines Grabes[177]. Aber natürlich ist es gut möglich, daß es auch alte volkstümliche Überlieferungen von einem Grab Adams (und Evas) unter dem Tempelplatz gab. Eine sichere Basis über diese genannte allgemeine Möglichkeit hinaus gibt es aber nicht, auch dann, wenn wir versuchen, aus den christlichen Adamsbüchern Rückschlüsse auf vorchristlich-jüdische Vorstufen zu ziehen. In der Syr. Schatzhöhle wird Adam zunächst mit den Urvätern in eben der „Schatzhöhle" unterhalb des Paradiesesberges beigesetzt (6, 11); später nimmt Noah, der letzte, der nicht abgefallen und vom heiligen Berg herabgestiegen ist, an dessen Spitze das Paradies liegt, den Leichnam Adams (und Evas) mit auf die Arche (17, 6f.; 18, 3) und läßt ihn dann am Mittelpunkt der Erde beisetzen (22, 7), das ist Golgota; Melchisedek dient hier am Grabe Adams als Priester (c. 23). Bestätigt wird dies durch das weitgehend parallele - bereits genannte - morgenländische Adamsbuch „Der Kampf Adams und Evas", dessen äthiopische Fassung A. DILLMANN 1853 in deutscher Übersetzung vorlegte und das A. BATTISTA und B. BAGATTI nun nach der arabischen Überlieferung ediert haben[178]. Für diese Legende ist das Auseinandertreten von Grabhöhle am Paradiesesberg und späterem Adamsgrab im Mittelpunkt der Erde konstitutiv. Sollte dies bereits für eine anzunehmende jüdische Vorstufe gelten, dann wäre die Hypothese möglich, daß sich in der „Schatzhöhle" die Höhle Machpela widerspiegelt[179]; der Erdmittelpunkt, an dem Melchisedek als Priester diente, könnte nur der Tempelberg sein. Es wäre möglich, darin auch eine Aufnahme der doppelten Grabtradition zu sehen, wie

(„Apokalypse des Mose" und *Vita Adae et Evae*) liegt dagegen alles Gewicht darauf, daß Adam mit Abel und Eva im Paradies begraben werden, aber es fehlt jeder Anhalt, Paradies und Zion gleichzusetzen.

177 So auch schon HOLL (Anm. 156), 37. Allerdings berichtet der Breviarius c. 2 auch von Golgota, daß hier Adam geschaffen worden sei, vgl. dazu Anm. 199.

178 S. Anm. 165.

179 Das entspricht der Pirke des Rabbi Elieser, einer aggadischen Schilderung der Urgeschichte von der Schöpfung bis zur Mosezeit aus dem 8. Jh. Hier baut sich Adam ein Mausoleum jenseits des Berges Moria, das dann mit der Höhle Machpela gleichgesetzt wird (c. 20), vgl. Pirkê de R. Eliezer, transl. by GERALD FRIEDLAENDER (London 1916, Nachdr. New York 1970), 148. Noch klarer wäre die Analogie bei den Samaritanern, weil die Vätergrab-Traditionen hier an Sichem, also dem Fuße des Garizim haften, vgl. dazu J. JEREMIAS, Heiligengräber in Jesu Umwelt (Anm. 115), 36–38, für die samar. Tradition des Grabes der 12 Patriarchen. Für das Adamsgrab bei Sichem vgl. H. G. KIPPENBERG, Garizim und Synagoge (RVV 30; Berlin 1971), 111 f.; Gewährsmann ist übrigens auch hier Julius Africanus. Das Thema ist mehrfach - und in letzter Zeit bes. intensiv - in Verbindung mit Act. 7,16 diskutiert worden, vgl. hierzu etwa C. H. H. SCOBIE, The Origins and Development of Samaritan Christanity, NTSt 19 (1973), 390–414.

sie jedenfalls im 4. Jahrhundert den Christen bekannt war und nach JEREMIAS jüdischen Ursprunges wäre und ins 2. Jahrhundert zurückginge. Doch dann besteht kein erkennbarer Zusammenhang mehr zwischen Höhle und Tempel, dementsprechend dann Hl. Fels und Adamsgrab[180].

Wenn man dagegen die Unterscheidung von zwei Grablegungen erst für die christliche Legende postuliert, wird es schwer, überhaupt noch von einer jüdischen Vorstufe zu reden. Besser wäre es jedenfalls, von einer christlichen Legende zu sprechen, die mit jüdischem Material arbeitet. Doch dann werden Rückschlüsse auf sonst nicht belegte vorchristliche Traditionen methodisch höchst fragwürdig.

Diese Durchsicht des Materials läßt es nicht geraten erscheinen, schon für das erste Drittel des 2. Jahrhunderts von der Übertragung einer festen Ortstradition an eine andere, vom Tempel nach Golgota zu sprechen. Jüdische wie christliche Überlieferung waren damals anscheinend noch nicht wirklich fixiert. Sie gewinnen ihre feste Gestalt in einem vergleichbaren Milieu nebeneinander und gegeneinander. Das entspricht dann dem Bild, das wir zunehmend vom Auseinandertreten der christlichen und der jüdischen Gemeinschaft im palästinensisch-syrischen Raum in dieser Zeit gewinnen[181]. Das heißt aber zusammenfassend, daß die von Haus aus judenchristliche Legende vom Adamsgrab unter Golgota eine theologische Aussage über die Heilswirksamkeit des Kreuzes Christi ist und nicht angemessen als Übertragung einer festen jüdischen topographischen Überlieferung vom Tempel an einen anderen Punkt im Stadtplan Jerusalems beschrieben werden kann. Es ist nicht ersichtlich, daß der Hl. Fels und die Höh-

180 Im äth. Adamsbuch findet der Name „Schatzhöhle" eine Erklärung: hier werden Schätze aus dem Paradiesgarten aufbewahrt – Gold, Weihrauch, Myrrhe und anderes (30f., übers. DILLMANN) –, die dann mit dem Leichnam Adams in die Arche genommen werden sollen: „... und die, welche in den kasten gehen, sollen das gold, den weihrauch und die myrrhen sammt meinem körper mit sich nehmen, und das gold der weihrauch und die myrrhen sollen auf meinem körper in die erde gelegt werden. Und nach langer zeit wird die stadt, wo das gold der weihrauch und die myrrhen bei meinem körper liegen, geplündert werden; und wenn die stadt geplündert wird, wird das gold der weihrauch und die myrrhen mit der beute fortgeführt, aber aufbewahrt werden und keines von ihnen wird verloren gehen, – bis dass das wort des Herrn kommen und fleisch werden wird. Da werden könige sie nehmen und ihm damit huldigen ..." (S. 81). Das wird die christliche Umformung einer jüd. Legende vom Raub der hl. Geräte aus dem Tempel unter Nebukadnezar sein, analog dem Verlust der Bundeslade. Diese Umformung läßt sich topographisch kaum noch auswerten, denn die Könige aus dem Morgenland bringen die Schätze ja nach Bethlehem. Die jüd. Legende hätte das Adamsgrab auf dem Tempelplatz gesucht, aber dort offenbar weder Stein noch Höhle betont.

181 Vgl. die beiden Sammelbände mit dem bezeichnenden Titel: Jewish and Christian Self-definition. Vol. I: The Shaping of Christianity in the 2nd and 3rd Cent., ed. by E.P. SANDERS (London 1980); Vol. II: Aspects of Judaism in the Graeco-Roman Period, ed. by E. P. SANDERS with A. I. BAUMGARTEN and A. MENDELSON (London 1981).

lung unter ihm eine bedeutsame Rolle gespielt hätten[182]. Ob die Lokalisierung des Adamsgrabes bei den Christen am Golgotafelsen dann schon um 100 n. Chr. oder erst im 3. Jahrhundert anzusetzen ist, kann dabei offen bleiben, sie reicht jedenfalls in vorkonstantinische Zeit zurück. In die Memorialbauten Konstantins ist dieser Topos aber offenbar erst nachträglich eingeführt worden, zumindest gilt das für die offizielle Kirche. Das mag verschiedene Gründe haben. BAGATTI und seine Kollegen gehen von dem unverbundenen Nebeneinander einer judenchristlichen und einer heidenchristlichen Kirche in Palästina auch in frühbyzantinischer Zeit aus; die Heidenkirche des Makarios und des Kyrill hat sich dann geweigert, diese judenchristliche Überlieferung anzuerkennen. Eine Überprüfung dieser für unser ganzes Bild der Geschichte der Kirche Palästinas so wichtigen These wäre ein eigenes Thema. In unserem Zusammenhang mag es genügen, eben auf die Entweihung der Höhle im Golgotafelsen durch den Venuskult zu verweisen: Die offenkundige, archäologisch nachgewiesene Eleminierung dieser Kultstätte mußte zur Konsequenz haben, daß auch eine Tradition des Adamsgrabes zerschnitten wurde, falls sie an eben diese Höhlung geknüpft war. Der Unterschied zwischen der jüdischen und der christlichen Tradition des Grabes des Erstgeschaffenen hält sich übrigens noch in einer bemerkenswerten Einzelheit durch: In der Regel geht es in den alten jüdischen Legenden um die Gräber Adams und Evas; auch in der christlichen Syr. Schatzhöhle wirkt dies noch nach. Für die christliche Soteriologie wird die Zuordnung von Christus und Adam entscheidend; vom Grab Evas ist in Verbindung mit Golgota nirgends die Rede. „Adam" ist eben auch in den Legenden weniger eine Gestalt der Urgeschichte in einem bestimmten Kontext, sondern der Repräsentant der Menschheit, die Männer und Frauen umfaßt.

3. Für die Syr. Schatzhöhle ist der Ort, an dem das Kreuz Christi aufgerichtet wurde, über dem Grab Adams, der Erdmittelpunkt. Wieder mag diese Sicht in bereits vorkonstantinische Zeit zurückreichen[183]. Eindeutige Belege haben wir

182 P. COÜASNON hatte vorsichtig die Möglichkeit erwogen, daß der Golgotafelsen die *nefeš* eines hellenistischen Grabes sein könnte in Analogie zu den bekannten Gräbern im Kidrontal (S. 39f.) Er wies aber energisch den Gedanken zurück, dies mit der Legende vom Adamsgrab in Verbindung zu bringen, schon in neutestamentlicher Zeit wäre das eigentliche Grab, jetzt 6,75 m unter der Oberfläche, verschüttet gewesen; die Ergebnisse der Untersuchungen am Golgotafelsen selbst hat er nicht mehr zur Kenntnis nehmen können. P. CORBO hat auch die genannte Vermutung COÜASNONs – sicher mit Recht – zurückgewiesen.

183 JEREMIAS verweist als frühesten Beleg auf zwei Verszeilen, die Beda Venerabilis, de loc. sanctis II 6 (p. 259, 83f. ed. FRAIPONT in CChL 175), Victorin von Pettau zuschreibt (gest. ca. 304 als Märtyrer): *Est locus, ex omni medius quem credimus orbi; / Golgotha Iudaei patrio cognomine dicunt.* BEDA fügt diesen Satz übrigens als Erläuterung der von Adomnanus I 9 übernommenen Nachricht von der Säule beim Damaskustor als Weltmittelpunkt bei. Die zitierten Zeilen sind

allerdings erst aus der Mitte des 4. Jahrhunderts, bei Kyrill von Jerusalem und Hilarius von Poitiers; in die gleiche Zeit fallen die ältesten ikonographischen Darstellungen des Kreuzes in der römischen Sarkophagkunst, darunter Christus auf dem Paradiesberg mit dem Kreuzstab in der Hand[184]. Man wird bei derartigen Texten und Darstellungen zwei Linien unterscheiden müssen: das Kreuz als eschatologisches oder kosmisches Heilszeichen und das geschichtliche Kreuz auf Golgota. Schon Ende des 1. Jahrhunderts wird das Hinrichtungswerkzeug zu einer auch eschatologischen Größe (Mt. 24, 30; vgl. Did. 16, 6; epist. apost. 16 (24); Ev. Petr. 39; orac. Sybill. 6, 26) und - unter Aufnahme jüdischer Traditionen - zum Zeichen der Versiegelung auf das Endgericht; Apologeten und Gnostiker deuten es von platonischen Aussagen über die Weltseele her; seit spätestens dem ausgehenden 4. Jahrhundert wird das Kreuz zum militärisch-politischen Siegeszeichen[185]. Das alles sind natürlich keine topographisch gemeinten

der Anfang eines Gedichtes *de pascha* oder *de cruce* oder *de ligno vitae*, das auch unter dem Verf.-Namen Marius Victorinus (gest. 2. Hälfte 4. Jh.), aber auch Tertullian oder Cyprian überliefert ist (ed. z.B. unter den Spuria Cyprians p. 305-308 ed. HARTEL in CSEL 3,3). Die 69 Hexameter gehören kaum Victorin von Pettau zu; aber von Ps. 74,12 „in der Mitte der Erde hast Du Heil gewirkt" her mag diese Vorstellung doch sehr alt sein; sie wäre eine Analogie zur kosmischen Bedeutung des Kreuzes nicht nur bei Gnostikern im 2. Jh., vgl. etwa R. CANTALAMESSA, L'omelia „in s.Pascha" dello ps.-Ippolito di Roma (Publ. dell'Univ. Catt. del S. Cruore; Milano 1967), 122-138. Als Beleg für eine vergleichbare theologische Spekulation sei auf die ps.cyprianische Schrift *De montibus Sina et Sion* verwiesen, die im allgemeinen sehr früh angesetzt wird (um 200?; ich bin mir nicht so sicher). Man mag sie als Entfaltung des schönen Satzes verstehen: *lex christianorum crux est sancta Christi filii Dei vivi* (c. 9, p. 115,9 ed. HARTEL in CSEL 3,3). In seltsamen Exegesen werden hier die Berge Sinai und Zion einander gegenübergestellt: Der Sinai ist ein irdischer Berg im Wüstenland, *qui est in Syria Palaestina, ubi est terra Judaea, ubi est et civitas illa interfectrix prophetarum ... quae civitas dicitus Hierusalem per Esaiam prophetam ...* (c. 3, p. 106, 5-9). Der Zion ist geistlich das Kreuz Christi im Garten, *omnis passio hominum in terra cadet, haec sola passio crucis stantem demonstrat* (c. 9, p. 114,15 f.). Es wird - im Anschluß an Cant. 1,6 - mit dem Brauch verglichen, in der Mitte eines Weingartens (*in mediam vineam*) einen Knaben als Wächter *in alto ligno media vinea confixo* zu setzen, damit er den Weingarten, der der Welt entspricht, nach allen Seiten hin gleichmäßig bewachen kann (c. 14, p. 117, 11 ff.). Christus am Kreuz wird aber auch mit Adam in Beziehung gesetzt (... *quam Adae carnem in se figuralem Christus portavit et eam in ligno suspendit,* p. 108, 15 f.), der - wie in einer auf die griechische Sprache rekurrierenden Deutung gezeigt wird - seinen Namen von den vier Himmelsrichtungen hat, zugleich weist er geametrisch auf die 46 Jahre hin, die Bauzeit des Tempels „Salomos" nach Joh. 2,20 (c. 4, p. 107,20-109,7). Hier haben wir so ziemlich alle Motive beisammen, die in diesem Exkurs relevant sind. Es mag auch irgendwie jüdische oder judenchristliche Tradition aufgenommen sein, aber es handelt sich nirgends um topographisch verstandene oder verwertbare Aussagen. Ich vermag sie auch nicht als Spiritualisierung einer konkreten Ortsüberlieferung zu verstehen.

184 Vgl. E. DINKLER, Das Kreuz als Siegeszeichen (1965). Jetzt in: Ders., Signum Crucis (Tübingen 1967), 55-76; vgl. auch die anderen einschlägigen Aufsätze dieses Sammelbandes.

185 Zur eschatologischen Versiegelung nach Ez. 9: Dinkler (Anm. 184), 26-54; J. DANIÉLOU, Théologie du Judéo-Christianisme (Tournai 1958), 290-315; zum ganzen Thema: F.J. DÖLGER, Beiträge zur Geschichte des Kreuzzeichens IX, JbAC 10 (1967), 7-29.

oder verwertbaren Aussagen. Das gleiche gilt aber doch dann zunächst auch von der Beschreibung des Kreuzes als Erdmittelpunkt oder Erdnabel (Omphalos). In Jerusalem selbst mußte ein derartiges Prädikat allerdings nach 335 einen neuen Klang bekommen; so ist es zu verstehen, wenn der Katechet Kyrill „diesen Golgota(-Fels)" als den Mittelpunkt der Erde bezeichnet[186]. Bei näherer Ausformung dieser Vorstellung ergeben sich später allerdings Konflikte mit der umfassenderen, Juden und Christen gemeinsamen Sicht, daß ganz Jerusalem in der Mitte der Erde liege, wofür sich schon Hieronymus und andere auf die gleiche Schriftstelle Ps. 79 (LXX), 12 berufen wie Kyrill[187]. Deshalb konnte man später Pilgern die große Säule auf dem Platz vor dem heutigen Damaskustor, die auch in der Madabakarte deutlich eingezeichnet ist, als Erdmittelpunkt zeigen[188]. Als man dann auch im Komplex der Grabeskirche einen bestimmten Ort als Omphalos zeigte, war es nicht der Golgotafelsen selbst, sondern eine Stelle zwischen allen drei Memorialkirchen, μέσον τοῦ ἁγίου κήπου, im Josephsgarten nach Joh. 19, 41[189], dort wo die Tradition noch heute haftet, jetzt, im Kreuzfahrerbau, im griechischen Katholikon.

Die rabbinischen Vorstellungen vom Nabel der Welt und dem *šətiyyā*-Stein sind in letzter Zeit von FELIX BÖHL untersucht worden[190]. Er kommt zu dem Ergebnis, daß das griechische Omphalos-Konzept in hellenistischer Zeit im Judentum durchaus bekannt war, es ist gelegentlich auch auf den Zion, den Tempelberg, konzentriert worden, z.B. Jub. 8, 19: „Der Berg Sinai ist die Mitte der Wüste und der Berg Zion die Mitte des Nabels des Landes." Aber auf die tannaitische Literatur habe dies nicht eingewirkt. Hier wurde dagegen die Tradition vom *šətiyyā*-Stein gepflegt, von dem aus Gott die Welt geschaffen habe. Dabei erscheint dieser Stein - der ursprüngliche Sinn des bisher nicht abgeleiteten Wortes bezeichnet ihn als „Weberpflock" - nicht primär räumlich-topographisch fixiert, wird er doch auch in dem Stein von Bethel wiedergefunden, son-

186 cat. 13,28 (II p. 86 ed. REISCHL-RUPP).

187 ἐργάσατο σωτηρίαν ἐν μέσῳ τῆς γῆς, vgl. Hieronymus, in Ez. II zu 5,5 (p. 56,69 f. ed. GLORIE in CChL 75).

188 Arculf 670 bei Adomnanus, de loc. sanctis I 11 (p. 194 f. ed. BIELER in CChL 175), unter Zitierung der gleichen Psalmstelle, wohl in Kenntnis der Hieronymusauslegung, so JEREMIAS, 42. Zu Beda s. Anm. 183.

189 Das Material bei JEREMIAS, 42 f., der annimmt, daß zuerst die Prädizierung als Erdmitte von Golgota auf die ganze Grabeskirche ausgedehnt und dann auf diesen Ort zwischen den - mit der Marienkirche vier - Heiligtümern festgelegt worden sei. Auch dann muß man aber doch konzedieren, daß das Verständnis des Golgotafelsens als Omphalos auch und gerade in Jerusalem nicht primär topographisch zu verstehen war.

190 F. BÖHL, Über das Verhältnis von Shetija-Stein und Nabel der Welt in der Kosmologie der Rabbinen, ZDMG 124 (1974), 253-270.

dern ist auf die Gegenwart Gottes in seinem Volk bezogen[191]. Eine Verschmelzung mit der Omphalos-Vorstellung ist erst sekundär erfolgt, frühestens in der Schülergeneration Rabbi Jochanans d. Jüng., also im 3. Jahrhundert; Ausgangspunkt wäre auch hier die Schöpfungstheologie gewesen: wie der Mensch im Mutterleib von seinem Nabel her entsteht, so die Welt vom *šətiyyā*-Stein.

Da es eine feste – wenn auch nicht unbestrittene – rabbinische Überzeugung ist, daß die Welt vom Zion, vom Tempel her geschaffen wurde[192], ist dann faktisch aber doch impliziert, daß dieser rätselhafte Stein seinen Ort auf dem Zion hat, wie es schon die Mischna voraussetzt (Joma 5, 2; vgl. TJom. 5, 1), im Allerheiligsten, dort wo im ersten Tempel die Lade stand[193]. Für das Problem des Standortes des Tempels auf dem heutigen *Ḥaram eš-Šerīf* ist es nun natürlich entscheidend, ob die Mischna hier historische Erinnerung bewahrt und der *šətiyyā*-Stein mit der *ṣaḫra* identifiziert werden kann – in diesem Fall wären die kosmischen und doch räumlich nicht fixierten Aussagen tannaitischer Rabbinen die Spiritualisierung einer klaren topographischen Vorgegebenheit nach dem Ende des Tempelkultes und die Rede vom *šətiyyā*-Stein die Widerspiegelung einer alten Heiligtumstradition[194]. Die Alternative ist es, in dieser Überlieferung der Mischna eine Legende zu sehen, die an Auslegungen anknüpfen mag, wie sie Paulus 1Kor. 10, 4 voraussetzt, und sie nun mit der auf dem Tempelplatz sichtbaren zugänglichen *ṣaḫra* in Beziehung stellt[195]. Doch wie auch die Antwort

191 „Und dort, wo Gott wohnt, ist die ‚Mitte der Welt', weil dort ihr Schöpfer wohnt. Die Dimension des Raumes ist so in der theologischen Dimension der Gegenwart Gottes aufgehoben und spielt keine entscheidende Rolle. Wohl spielt der Raum keine Rolle mehr, um so größer aber ist die Bedeutung des Ortes, an welchem Gott wohnt oder erscheint" (260).

192 Vgl. dazu P. SCHÄFER, Tempel und Schöpfung. Zur Interpretation einiger Heiligtumstraditionen in der rabbinischen Literatur, Kairos 16 (1974), 122–133.

193 BÖHL (Anm. 189) sieht gerade dadurch die Verbindung dieses Steins mit der Theophanie bestätigt: „Die Theophanie bzw. die göttliche Gegenwart aber wird örtlich mit der wandernden Lade im Zelt der Begegnung verbunden, weshalb man auch diesen Stein bei dem Entfernen der Lade entdeckt hat" (260). Leider gibt BÖHL keine Einzelbelege.

194 So JEREMIAS und SCHÄFER, der JEREMIAS nicht nennt. Sein eigenes Problem ist allerdings auch anders. Er wollte aufzeigen, daß im rabbinischen Judentum auch sadduzäische Traditionen weiterlebten: „Die These jedenfalls (oder besser das Axiom) von der Identität des pharisäischen und rabbinischen Judentums ist ein Klischee, das die Komplexität und Differenziertheit des rabbinischen Judentums unsachgemäß vereinfacht" (SCHÄFER [Anm. 191], 133). Dieses Resümee zeigt aber nun seinerseits die Komplexität der Fragestellung auf, ob und wieweit wir in der Mischna mit authentischer Tempel-Tradition rechnen können.

195 Für eine Entscheidung wird es wichtig sein, wie man die altkirchlichen Nachrichten einordnet, daß die Juden am 9. Ab im 4. Jh. einen *lapis pertusus* in der Nähe der Hadriansstatue, also auf dem Tempelplatz, zu salben pflegten, wie schon der Pilger von Bordeaux berichtet (p. 23,4 f. ed. GEYER in CSEL 39; p. 16 ed. GEYER-CUNTZ in CChL 175), wozu Hieronymus, in Soph. I zu 1,15–16 zu vergleichen ist (p. 673, 667 ff. ed. ADRIAEN in CChL 76 A). Wenn man die *ṣaḫra* für den heiligen Stein hält, über dem der Tempel errichtet wurde, sei es, daß über ihm der Brandopferaltar oder das Allerheiligste war, dann kann der *lapis pertusus* nicht mit ihm identisch sein;

gegeben werden mag, für den Ursprung des Theologumenons, daß das Kreuz nach Gottes Willen in der Mitte der Erde eingepflanzt wurde, ist damit wenig gewonnen. Beide Anschauungen, die vom Zion mit oder ohne *šətiyyā*-Stein als Mittelpunkt der Erde und von Golgota als Nabel der Welt, sind nur auf dem Hintergrund der vor allem griechischen, aber doch wohl auch gemeinorientalischen Omphalus-Tradition zu verstehen. Aber das Tempel-Theologumenon ist auf Schöpfung bezogen und topographisch fest verankert. Die Kreuzesprädikation ist soteriologisch ausgerichtet und blieb einer topographischen Fixierung gegenüber spröde. Es ist wohl möglich zu sagen, daß das Kreuz Heil für die ganze Welt ist, aber gerade im Kontext der Memorialstätten am Grab Christi läßt sich diese Aussage nicht auf Dauer am Golgotafelsen allein festmachen; damit würde eben jene Einheit von Kreuz und Auferstehung auch theologisch zerrissen, für die das Nebeneinander der Gedenkorte steht.

Die These einer Übertragung von Attributen des jüdischen Tempels oder des heiligen Felsens auf dem Tempelplatz auf das Golgota-Heiligtum der Christen trifft also den Vorgang nicht präzise, der zur Qualifikation des Kreuzes als Erdmittelpunkt führte. Dadurch soll aber ein Einfluß rabbinischer Tradition auf diese Kreuzestheologie der orientalischen Christenheit keineswegs in Abrede gestellt werden. In der Syr. Schatzhöhle findet sich folgende Beschreibung des Ortes des künftigen Kreuzes, auf die schon JOACHIM JEREMIAS hinwies: „Dieser Ort ist der Mittelpunkt der Erde, und dort stoßen die vier Teile zusammen. Denn als Gott die Erde schuf, lief seine Kraft vor ihr her, und die Erde lief hinter diesen her. Dort auf Golgota blieb Gottes Kraft stehen und kam zur Ruhe, und dort vereinigen sich die vier Enden der Erde; dieser Ort bildet die Grenzen der Erde.“[196] Hier ist der Rang Golgotas bereits in der Schöpfung verankert. Aber anders als in der oben angedeuteten Spekulation über Tempel und

die Aussagen des Pilgers zwingen auch nicht dazu, ihn wirklich auf dem Tempelplatz zu suchen; vgl. dazu jetzt DONNER, Pilgerfahrt, 56f. Anm. 87. Eine m.E. abwegige Deutung hat jüngst E.W. COHN vorgetragen: Second Thoughts About the Perforated Stone on the Haram of Jerusalem, PEQ 114 (1982), 143–146; danach habe es sich um ein vom Klerus inszeniertes Schauspiel gehandelt, bei dem echte oder als solche verkleidete Juden durch einen aus rabbinischer Tradition nicht ableitbaren Ritus den Sieg der Kirche über die Synagoge darzustellen hatten. Wenn die *ṣaḫra* dagegen erst nach der Tempelzerstörung, die den Stein freigelegt hat, allmählich (vielleicht wieder) religiöse Bedeutung zugewachsen sein sollte – und auch diese Meinung wird eben vertreten –, dann legt es sich nahe, in ihr doch den durchbohrten Stein wiederzuerkennen. Die Salbung wäre dann von Haus aus nicht notwendig Trauerritus, sondern ließe sich von Gen. 28,18; 35,14; vgl. 31,13 verstehen. Das wäre dann Umgang mit einem Stein der Theophanie, mit der Deutung BÖHLs ließe sich das wohl verbinden. Doch zeigt doch eben diese Ambivalenz, daß die genannte Angabe für sich keine eindeutigen Aussagen für die Rolle des Hl. Felses nach 135 n.Chr. zuläßt.

196 49, 3–5 übers. BEZOLD (Anm. 158), 63, vgl. RIESSLER (Anm. 158), 1004; vgl. 22, 7–8 übers. BEZOLD (Anm. 158), 22, vgl. RIESSLER (Anm. 158), 967.

Schöpfung ist der zentrale Ort nicht der Ausgang des Handelns Gottes, sondern das Ziel, an dem Gottes Kraft zur Ruhe kommt. Eine Untersuchung der Herkunft dieser eigentümlichen Konzeption ist hier nicht beabsichtigt. Aber es gab offenbar rabbinische Diskussionen schon in tannaitischer Zeit, ob die Erde von innen nach außen oder von außen nach innen geschaffen wurde[197]. Das mag ein naturwissenschaftlicher Streit gewesen sein. Die syr. Schatzhöhle bezieht hier jedenfalls eine Stellung, die der entgegen ist, die sich im Rabbinat durchgesetzt hat. Analog zu anderen Umwertungen innerhalb vorgegebener jüdischer Traditionen liegt auch hier - in die Schöpfung zurückprojiziert - der Akzent nicht auf dem Ursprung, sondern dem Ziel, der Vollendung[198]. Es mag sein, daß diese Kosmologie auf Diskussionen zwischen Juden und Christen im Zweistromland zurückweist, in denen es auch um den wahren Mittelpunkt der Welt gegangen ist[199]. Das Thema Tempel oder Kreuz blieb kontrovers. Aber Rückschlüsse auf den historischen Ursprung dieser hier besprochenen Golgota-Prädikation lassen sich daraus nicht ziehen.

4. Seit dem Anfang des 6. Jahrhunderts berichten Pilger von einem eigenen Abrahamsaltar am Fuße des Golgota-Felsens; gemeint ist jeweils der Altar, auf dem der Patriarch seinen Sohn Isaak opfern wollte[200]. Bei dem Anonymus aus

197 SCHÄFER (Anm. 192), 124; er verweist auf bJom 54b, wo von einer Diskussion zwischen R. Eliezer und R. Jehoschua (beide um 100 n. Chr.) berichtet wird.

198 Als Analogie sei auf die syr. Leseordnung hingewiesen, in der die von der Synagoge überlieferte Reihenfolge von Gesetz und Propheten festgehalten ist. Aber die Propheten gelten jetzt als höherwertig gegenüber dem Gesetz, und beides wird noch überboten durch apostolische Texte; am Ende steht die Evangeliumslesung als „das Siegel aller (hl.) Schriften" - so in der *Doctrina apostolorum*, can. 8, um 400 (zu dieser Kirchenordnung vgl. ZDPV 87 [1971], 179). In der Synagoge hat der am höchsten gewertete Text seinen Platz am Anfang der Lesungen, in der Kirche am Ende.

199 Nach BÖHL (Anm. 190), 268 Anm. 62 hat S. LIEBERMANN, Tosefta kifshutah. A Comprehensive Commentary on the Tosefta. Part 4: Order Mo'ed (New York 1962), 773, es wahrscheinlich gemacht, daß die Bedeutungsfunktion des *šətiyyā*-Steines als Grundstein babylonischer Tradition entspricht. Daß die Syr. Schatzhöhle in ihrer Endgestalt aus Babylonien stammt, zeigt z. B. 26, 11-18, eine frühe Schilderung und Ableitung der Tells. Die oben genannten tannaitischen Diskussionen gehören natürlich noch nach Palästina. Einen Widerhall rabbinischer Traditionen, nun ohne jede Beziehung zum Legendenkranz der Syr. Schatzhöhle, muß man wohl auch darin sehen, daß dem Autor des Breviarius erzählt worden ist, Golgota sei auch der Ort, an dem Adam erschaffen wurde, c. 2 (p. 110, 54f. ed. WEBER in CChL 175; p. 154,5 ed. GEYER in CSEL 39). Es ist mir aber doch zweifelhaft, ob damit eine damals in Jerusalem selbst lebendige Ortstradition, die am Tempelplatz haftete, auf Golgata überging. Direkte Beziehungen zur *ṣaḫra* als solcher können gar nicht bestehen, denn Adam wurde aus Erde, nicht Stein geformt.

200 Der *Breviarius de Hierosolyma* faßt in dem Abschnitt über Golgota mit *ubi est* oder *ibi est* (unterschiedliche Lesart zweier Handschriften) Gegenstände, die ihm gezeigt wurden, wie den Teller, auf dem das Haupt Johannes d. T. getragen wurde, oder den Zauberring Salomos, und reine Lokaltraditionen zusammen wie *ubi plasmatus Adam*. In einer dieser Handschriften heißt

Plaisance unter dem Schutz des Stadtpatrons Antoninus um 570 ist dieser Altar zusätzlich mit dem Ort identifiziert, an dem Melchisedek sein Opfer darbrachte[201]. Wir befinden uns also auch hier wieder im Bereich der Adamstradition, die uns aus der Syr. Schatzhöhle geläufig ist[202]. Diese Pilgerangaben stehen in einer leichten Spannung zu den liturgischen Daten. Das Georgische Lektionar nennt den 21. August als Memorialtag des Patriarchen Abraham „in Golgotha" (Nr. 1164–1167 TARCHNISCHVILI nach dem Lektionar von Latal). Es handelt sich offenbar um unseren Altar, möglicherweise ursprünglich um ein Weihedatum. Die Mehrzahl der Handschriften bietet die Angabe aber bereits in der erweiterten Form, in der mit Abraham Isaak und Jakob zusammen genannt sind; am 22. August ist dann zusätzlich die Kommemoration von Isaak und Jakob genannt (Nr. 1168–1171). Diese Angaben werden noch durch das palästinensische Georgische Kalendar von Sinai aus dem 10. Jh. bestätigt[203]. Das Datum des 21. August ist auch von den Syrern und Kopten übernommen worden; es handelt sich deutlich um einen allgemeinen Gedenktag an die Erzväter. Die Genesis-Lesung des Tages ist auch nicht Isaaks Opferung, sondern der Abrahams-Bund (15, 1–18)[204]. Nun könnte es sein, daß dieses Formular in eine relativ späte Zeit gehört. In dem nach der Zerstörung durch die Perser von Modestos restaurierten Bau war der Abrahamsaltar vom Golgotafelsen in die Nordostecke des Atriums zwischen Golgota und Grabesbasilika gerückt, es ist der Raum, der heute als „Gefängnis Christi" gezeigt wird[205]. Der Pilgerbischof Arculf, er war um 680 in Jerusalem, dem wir diese Angaben verdanken, sah dort eine „nicht kleine hölzerne Mensa", auf der jetzt Gaben für die Armen niedergelegt werden, und hörte weiterhin, daß hier der Altar gestanden hatte, auf dem Abraham Isaak darbrachte[206]. Selbst wenn das Datum des 21. 8. erst auf den neuen Ort im Modestosbau zu beziehen sein sollte, bliebe also die Diskrepanz zwischen Pilger-

es entsprechend: *Vbi obtulit Abraham Ysaac filium suum in sacrificium in ipso loco, ubi est crucifixus Dominus;* die Parallel-Handschrift hat stattdessen: ... *et ibi est altarium grandis* (p. 110,55 ed. WEBER; p. 154,5 ed. GEYER). Das mag so verstanden werden, daß der große Altar westlich vor dem Felsen eben jetzt als Abrahamsaltar galt. Theodosius ist c. 7 jedenfalls deutlicher, er spricht vom Abrahamsaltar am Fuße von Golgota (p. 140, 16 ff. ed. GEYER in CSEL 39; p. 117, 16 ff. in CChL 175).

201 c. 19 (p. 172, 3 f. und 204, 8 f. ed. GEYER in CSEL 39; p. 138, 23 ff. und 164, 1 f. in CChL 175).

202 So auch JEREMIAS (Anm. 115), 49.

203 Le Calendrier Palestino-Géorgien du Sinaiticus 34 (Xe siècle), ed., trad. et comm. par G. GARITTE (Subs. Hag. 30; Bruxelles 1958), 307 f.

204 Am 22. 8. ist es Gen. 17, 1–19.

205 So schon JEREMIAS, 50; vgl. jetzt für die genaue Identifizierung COÜASNON (Anm. 2), 52 f. und 33.

206 Adomnanus, de loc. sanctis I 6,2 (p. 234, 5 f. ed. GEYER; p. 191, 11 f. ed. BIELER in CChL 175).

bericht und liturgischer Ordnung. Die Erklärung wird sein, daß der Adamslegendenkranz erst allmählich seine topographischen Haftpunkte im Bereich von Golgota besetzte und von der Hierarchie nie gänzlich rezipiert worden ist. Seit wann Fremdenführer den Pilgern von den Voraussetzungen dieser Legende her den Ort der Kreuzigung auch als Abrahams- oder gar Melchisedek-Memorialstätte beschrieben, ist schwer zu beurteilen, Belege aus der Zeit vor dem 6. Jahrhundert haben wir jedenfalls nicht[207]. Nun ist zwar unbestritten, daß der Berg Morija (Gen. 22, 2. 14; vgl. 2Chr. 3, 1) in jüdischer Tradition der Tempelberg (und in samaritanischer der Garizim) ist[208], doch legt es sich auch hier nicht nahe, von einer Übertragung einer Lokaltradition an einen anderen Ort zu sprechen. Es ist ein theologisch-literarisches Motiv, das sich unpolemisch an den Ort des Kreuzes Christi ankristallisiert.

5. Nun gibt es aber doch auch Belege für eine direkte Übernahme von Tempeltraditionen in den Komplex der Bauten Konstantins am Hl. Grabe. Allerdings wird man auch hier verschiedene Ebenen unterscheiden müssen, wie sich das uns eben bei der Abrahams-Memorialstätte gezeigt hat. Die Jerusalemer Kirche hat offenbar von Anfang an in den kaiserlichen Monumenten auf dem Forum ein Gegenbild zum Tempelbau Salomons gesehen. Egeria berichtet vom achttägigen Kirchweihfest - nach dem Vorbild von Ostern und Epiphanias, aber doch wohl auch im Anschluß an 2Chr. 7, 8 - und stellt ausdrücklich fest, dieser Tag, an dem das Kreuz des Herrn gefunden worden sei, wäre der gleiche, an dem „der hl. Salomo, nachdem das Haus Gottes, das er gebaut hatte, vollendet war, vor dem Altare Gottes stand und betete, wie es in den Büchern der Chronik geschrieben steht“ (48, 2). Das Armenische Lektionar stellt zwar durch die Evangelienlesung des ersten Tages, Joh. 10, 22-42, eine Verbindung zum Tempelweihfest her, doch wäre dies strenggenommen natürlich auf Hanukka am 25. Kislev zu beziehen[209]. Das Datum des Jerusalemer Kirchweihfestes vom 13.-20. September entspricht aber dem 7-tägigen großen Herbstfest der Laubhütten, der im Alten Testament genannten Zeit der Tempelweihe Salomons (1Kön. 8, 2; 2 Chr. 5, 2), wenn man den 15. Tag des 7. Monats (Lev. 23, 33 ff.) in den in Aelia

207 Diese angenommene Entwicklung spricht für die Vermutung von JEREMIAS, 49 f., daß eben der seit dem 4. Jh. vorauszusetzende Altar *ante crucem,* also westlich von Golgota im Bereich der heutigen Adamskapelle zunächst als Abrahams-Altar gedeutet wurde. Gegenüber der Rekonstruktion von COÜASNON bleibt die schon Anm. 12 genannte Schwierigkeit, daß von einem weiteren Bau südlich des Felsens, der dann die eigentliche Kreuzkirche wäre, den literarischen Quellen nichts zu entnehmen ist.

208 Belege bei JEREMIAS, 50 Anm. 7 und 8.

209 Für das Nachwirken von Ḥanukka im Jerusalemer Festkalender vgl. jetzt meinen in Anm. 122 genannten Beitrag, 100 ff. und 204 ff.

gebrauchten römischen Kalender überträgt[210]. Zwar wird nach den Lektionaren keiner dieser Texte in den Gottesdiensten der Enkainienwoche gelesen[211], aber der liturgische Termin hält offenbar das historische Datum der Einweihung 335 fest[212], das mit den Tricennalien Konstantins zusammenfiel. Der Psalm am Gedenktag Konstantins, dem 22. Mai (337), stellt den Kaiser als Erbauer der Kirchen in Jerusalem an die Seite Davids, der nicht Ruhe fand, bis er dem Herrn eine Wohnung bereitet hatte, Ps 131 (LXX). Die Verwendung gerade dieses Psalms mit seiner Verheißung für das Haus Davids konnte ursprünglich wohl nur so verstanden werden, daß er eine Huldigung an die Söhne Konstantins einschloß[213].

Derartige Analogien sind sicher naheliegend und haben später andere Tempeltraditionen nachgezogen. Hier liegt jedenfalls eine Übernahme nur aufgrund der Schrift vor, nicht Anschluß an jüdische Traditionen. In dieses Bild fügen sich auch die Beobachtungen und Erwägungen ein, die JOHN WILKINSON vorgelegt hat um zu zeigen, daß Elemente der Jerusalemer Liturgie am Ende des 4. Jahrhunderts in den Bauten am Hl. Grab bewußt die Tradition alttestamentlicher Tempelgottesdienste aufgreifen[214].

Schwieriger zu beurteilen sind die merkwürdigen mit dem Namen Salomos verbundenen Gegenstände, die man später Pilgern vorführte, insbesondere sein Ring, mit dem er Dämonen bannte[215], und das Horn, aus dem er wie sein Vater

210 Dazu M. BLACK, The Festival of Encaenia Ecclesiae in the Ancient Church with Special Reference to Palestine and Syria, JEH 6 (1954), 78–85.

211 In Arm sind nur die beiden ersten Tage genannt, sie haben das gleiche Formular; aus Georg lassen sich aber offenbar die alten Texte noch vollständig entnehmen (1234–1256), vgl. dazu auch A. RENOUX, La Croix dans le rite arménien. Histoire et Symbolism, Melto 5 (1969), [123–175], 125 f. 141 f.

212 Euseb, VC IV 43–45; das Datum der Kirchweihsynode, der 17. 9. 335, ist aus Chron. pasch. 531,11 zu entnehmen, vgl. den Kommentar zu Athanasius, apol.sec. 84,1 in Athanasius Werke II, 1 ed. H.G. OPITZ (= Lief. 4–7), vgl. ferner Socrates, hist.eccl. I 33,1. Der 14. 9. fiel 335 auf einen Sonntag, die Einweihung hätte also mit der Vesper am Vorabend begonnen, ganz wie es noch den Angaben in Georg entspricht. Die Synode trat am Mittwoch zusammen, einem der alten Stationstage.

213 Das Formular Nr. 56 (p. 199 ed. RENOUX).

214 Jewish Influences on the early Christian Rite of Jerusalem, Muséon 92 (1979), 347–359. Er vergleicht bes. das Morgenoffizium in den Tagen Egerias mit dem täglichen Ganzopfer am Morgen im Tempel nach der Beschreibung im Mischna-Traktat Tamid. Bemerkenswert ist, daß das Grab dem Tempelinneren entspricht, Golgota dem Brandopferaltar. WILKINSON möchte auch die nach den alten Beschreibungen kubische Form des angeblichen Rollsteins vor dem Grab in der sogen. Engelskapelle auf Ex. 30,2 (Räucheraltar vor dem Allerheiligsten) zurückführen. Trotz des Titels dieses Aufsatzes und des Verweises auf die Mischna meint auch WILKINSON, daß es sich um bewußten Anschluß an den Tempel, nicht in erster Linie die jüdische Synagoge handle.

215 Brev. 2 (Form a), p. 110, 52 ed. WEBER in CChL 175; p. 154, 4 ed. GEYER in CSEL 39.

David zu Königen gesalbt wurde[216]; beides wurde beim Golgotafelsen aufbewahrt oder gezeigt. Schon Egeria berichtet, daß diese Gegenstände an Karfreitag mit der Kreuzreliquie zusammen *post Crucem* ausgestellt und verehrt wurden[217]. Im 6. Jahrhundert hat man auch die silbernen Schmuckkrüge auf den zwölf Marmorsäulen in der Apsis der Konstantinsbasilika mit den Zauberkünsten Salomos in Verbindung gebracht[218]. Für den Pilger von Bordeaux hatte 333 das Gedächtnis von Salomo als Dämonenbezwinger noch an einer Höhle bei dem Schafsteich nördlich des Tempelberges gehaftet[219].

Diese Memorialstätte am Schafsteich hat BELLARMINA BAGATTI als ein judenchristliches Heiligtum gedeutet, in dem auch der Ring Salomos aufbewahrt worden sei; im 4. Jahrhundert wäre er dann von Heidenchristen in die Bauten Konstantins am Hl. Grab überführt worden[220]. Wieder sei das Thema des Verhältnisses von Judenchristen und Heidenchristen in Palästina und besonders in Jerusalem in frühbyzantinischer Zeit hier ausgeklammert und damit die Frage nach der Herkunft dieser Gegenstände. Wichtiger ist es jetzt für uns zu prüfen, welche Funktion ihnen nun im Golgotabezirk zukam. Nach dem „Testament Salomos", einer Schrift über die magischen Praktiken dieses Königs, die auf jüdischer Grundlage von einem Christen im 3. Jahrhundert geschrieben zu sein scheint[221], hat Gott, der Herr Zebaoth, diesen Ring, der als Siegel den Gottesnamen trug, Salomo durch den Erzengel Michael übergeben, damit der König alle Dämonen binde und durch sie Jerusalem bauen lasse (I 6 f.). Daß dieser Ring nun dort aufbewahrt wurde, wo sich unter der „Kapelle" *post Crucem* die Höhle befand, in der einst Dämonenkult vollzogen worden war, hat sicher große Bedeutung. Aber der Ring hat darüber hinaus einen besonderen Bezug zum Bau Jerusalems und des Tempels. Das Salbhorn weist auf die Legitimität und Kontinuität in der Königswürde hin. Beide Motive entsprechen dem Formular des Memorialtages für Konstantin, zumindest Anklänge finden sich auch in dem

216 Ebenda, aber in beiden Fassungen; dem Anonymus aus Plaisance wurde ein derartiges Horn in der Zionskirche gezeigt, c. 22 (p. 174, 10 ed. GEYER in CSEL, p. 140, 10 in CChL; p. 206, 4 ff. in CSEL; p. 165, 4 ff. in CChL).

217 c. 37,3 (p. 88, 24 ed. GEYER; p. 81, 83 ed. FRANCESCHINI-WEBER), vgl. Petrus diac., exc. C 2 (p. 107, 11 f. ed. GEYER; p. 94, 9 ff. ed. WEBER in CChL).

218 Brev. 1 (Form a), p. 109, 18 f. ed. WEBER; vgl. p. 153, 8 f. ed. GEYER.

219 *Est ibi et crepta, ubi Salomon daemones torquebat,* p. 21, 8 f. ed. GEYER; p. 15 ed. GEYER-CUNTZ in CChL.

220 I Guideo-Cristiani e l'Anello di Salomone, RSR 60 (1972) (= Festschr. J. Daniélou), 151–160.

221 CH. CH. MCCOWN (Hrsg.), The Testament of Solomon (UNT 9; Leipzig 1922); für die Herkunft der Schrift beziehe ich mich auf die Ergebnisse des Hrsg., die allgemein anerkannt worden sind.

Schreiben Kyrills an Kaiser Constantius nach dem 7. Mai 351[222]. Ring und Horn würden so die politische Dimension der Bauten Konstantins ansprechen und damit auch das Hl. Kreuz in diesen Bereich rücken: Es schützt den Bestand des christlichen Kaisertums und erweist zugleich die Grabeskirche als Reichsheiligtum des erneuerten Imperium Romanum. Das wäre dann wieder ein Anknüpfen an den Salomonischen Tempel, das auch den Rückgriff auf seine Kulttraditionen besser verstehen läßt, aber auch keine Übernahme einer Lokalüberlieferung des späteren *Ḥaram eš-Šerīf.* In den erhaltenen liturgischen Formularen sind diese Salomo-„Reliquien" dann aber nicht mehr genannt; sie mögen bereits bei der Verlegung der Kreuzanbetung am Karfreitag aus dem Kircheninneren an die Westseite des Felsens *ante Crucem* nicht mitgewandert sein und wurden - nachdem die alte Kulthöhle im Golgotafelsen vergessen war - zur bloßen Touristenattraktion. Die hochfliegenden Pläne der Jerusalemer Bischöfe hatten sich nicht erfüllt. Die Salomotradition wandert nun von Jerusalem nach Konstantinopel, dem neuen Zentrum der politischen Theologie des byzantinischen Reiches, dorthin, wohin schließlich beim Zusammenbruch der byzantinischen Herrschaft in Palästina auch die Reste des Hl. Kreuzes gebracht wurden[223].

Auf der naiv-volkstümlichen Ebene blieb Salomo der Dämonenbezwinger aber mit der Grabeskirche verbunden. Die Voraussetzungen der erstaunlichen Geschichte, die nach dem eben genannten sogenannten *breviarius* Pilgerführer am Anfang des 6. Jahrhunderts Fremden zu erzählen pflegten, können wir seit kurzem genauer angeben[224]. Der gnostische Traktat „Testimonium Veritatis" aus den Nag-Hammadi-Codices, der im 3. Jahrhundert entstanden sein mag, hat mehrfach jüdische haggadische Überlieferungen aufgenommen[225]. Dazu zählt

222 Vgl. dazu ZDPV 87 (1971), 190f. Zu Bischof Kyrill vgl. inzwischen auch den Art. von E.J. Yarnold, Cyrillus von Jerusalem, TRE 7 (1981), 261-266. Aus naheliegenden Gründen ist Kyrill vor allem als Liturgiker studiert worden, es würde sich m.E. lohnen, gerade auch seine kirchenpolitischen Konzeptionen und Aspirationen zu prüfen.

223 Vgl. dazu die Überlieferung vom „Thron Salomos" am Kaiserhof in Konstantinopel, etwa O. Treitinger, Die oströmische Reichsidee (1938; 2. Aufl. Darmstadt 1956), 199f.; zum Hl. Kreuz in der Reichshauptstadt vgl. auch D. Stein, Der Beginn des byzantinischen Bilderstreites und seine Entwicklung bis in die 40er Jahre des 8. Jh. (Misc. Byz. Monac. 25; München 1980), vgl. das Register zu „Kreuz" und „Kreuzverehrung".

224 Erst nachträglich habe ich festgestellt, daß es dem Einfühlungsvermögen und dem Scharfsinn J. Jeremias' Jahrzehnte vor der Entdeckung des gleich zu nennenden Textes gelungen war, alle wesentlichen Zusammenhänge zu erkennen: Die „Dämonenmischkrüge" der Jerusalemer Konstantin-Basilika, ZDPV 49 (1926), 242-246.

225 So B.A. Pearson, Jewish Haggadic Traditions in The Testimony of Truth from Nag Hammadi (CG IX,3), in: Ex orbe religionum. Studia G. Widengren oblata I (SHR 21; Leiden 1972), 457-470, der allerdings gerade auf den im Folgenden zitierten Abschnitt nur hinweist. S. Giversen, Solomon und die Dämonen, in: M. Krause (Hrsg.), Essays on the Nag-Hammadi-Texts in

offenbar auch der folgende Abschnitt, der mit König David einsetzt, der Dämonen bei sich wohnen hatte: „Er ist es, der den Grundstein zu Jerusalem legte, und [sein Sohn] Salomo ist es, den er in [Ehebruch] zeugte. Dieser nun hat Jerusalem mit Hilfe der Dämonen erbaut, denn er nahm [...]. Als er aber [zuende gebaut hatte, sperrte er] die Dämonen [im Tempel ein]. Er hielt sie in sieben [Wasser]krügen (ὑδρία) fest. Lange Zeit blieben sie eingesperrt in den Wasserkrügen (ὑδρία). Als die Römer gegen Jerusalem zogen, öffneten sie die Wasserkrüge (ὑδρία). Und in diesem Augenblick entwichen die Dämonen aus den Wasserkrügen (ὑδρία) wie solche, die aus dem Gefängnis wieder frei gekommen sind. Die (so von den Dämonen verlassenen) Wasserkrüge (ὑδρία) waren nun wieder rein. Aber seit jenen Tagen [bewohnen sie (die Dämonen)] die Menschen, die [in] Unwissenheit sind, und [so verbleiben (?) diese (?)] auf der Erde“ (NHC IX p. 70, 2–24).

Es folgt nun die geistliche Ausdeutung, als „Mysterium“ bezeichnet, der Kodex ist an dieser Stelle stark zerstört, für uns ist die gnostische Verarbeitung der Tradition aber auch unwichtig. Immerhin wird der Hinweis auf Davids Ehebruch erst dem enkratitischen Autor des Traktates zuzuschreiben sein, wohl auch, daß die Dämonen in Menschen ihren Wohnsitz nehmen, die „in Unwissenheit“ sind. Die zugrundeliegende Überlieferung ist rein jüdisch und leitet die Dämonisierung der Welt von der Zerstörung des Tempels durch die Römer ab. Die Autorität gerade jüdischer Exorzisten konnte in solchem Zusammenhang besonders einleuchtend werden; daß auch Judenchristen derartiges erzählten, ist durchaus denkbar, aber doch kein notwendiges Zwischenglied, um zu verstehen, was der Fremdenführer in Jerusalem dem Autor des *breviarius* nun von der Apsis im Westen der Kirche Konstantins erzählte: „Zwölf Marmorsäulen stehen dort im (Halb)kreis (ganz unglaublich!), über diesen Säulen sind zwölf silberne Wassergefäße (*hydriae*); wo Salomo die Dämonen versiegelt hat.“[226] Vermutlich handelt es sich um die jetzt leeren, also wieder reinen Krüge im Sinne der zitierten jüdischen Überlieferung – obgleich man Fremdenführern natürlich auch zutrauen kann, daß sie den Pilgern erzählten, die Dämonen hockten noch jetzt gefangen in der Basilika Konstantins. Doch wie dem auch sei: damit ist eine

Honour of A. Böhlig (NHS 3; Leiden 1972), 16–21, spricht zwar ausdrücklich von ihm; cod. IX war damals aber noch so wenig aufgeschlüsselt, daß er die Pointe des Berichtes nicht erkennen konnte. Inzwischen liegen zwei Übers. des Traktates vor, von K. KOSCHORKE in ZNW 69 (1978), 91–117, und von S. GIVERSEN und B.A. PEARSON in The Nag Hammadi Library in English, Transl. by Members of the Coptic Gnostic Library Project of the Institute for Antiquity and Christianity, JAMES M. ROBINSON, Director (Leiden 1977), 406–416. Ich zitiere die Übers. von KOSCHORKE.

226 Anm. 217.

Salomo-Tradition, die für die Vergangenheit mit dem Tempel in Verbindung gebracht wurde, jetzt in die Grabeskirche gewandert.

Eine Übernahme ursprünglicher Tempeltradition liegt ferner unbestreitbar vor, wenn der gleiche *breviarius* später von dem Altar vor dem Grabmonument berichtet, „daß dort der heilige Zacharias erschlagen worden ist und sein Blut getrocknet ist“ [227]. Dem Pilger von Bordeaux hat man die Blutspur vor dem Altar, auf die wohl bereits Mt. 23, 35 anspielt, noch auf dem Tempelplatz gezeigt [228]. Schon Hieronymus hat sich hierüber mokiert: Brüder mit schlichtem Gemüt zeigten auf rote Steine zwischen den Ruinen des Tempels und des Altars oder in den Portalausgängen, die zum Teich Siloah führen, und meinen, sie seien vom Blut des Zacharias befleckt [229]. Bemerkenswert ist hieran weniger die für diesen Kirchenvater ja nicht ungewöhnliche kritische Haltung, als daß wir hier von einem neuen Fundort der Blutspur hören: am Ausgang nach Süden. Auf dem Tempelplatz selbst hatte sich seit 333 viel geändert, der Beginn der Arbeiten zum Wiederaufbau des jüdischen Heiligtums unter Kaiser Julian hatte die Überreste des herodianischen Tempels weitgehend beseitigt; das für dieses Vorhaben katastrophale Unwetter und Erdbeben schon am folgenden Tag, dem 19. Mai 363, mag ein weiteres hinzugetan haben [230]. Vielleicht waren die Spuren an

227 *Ante isto sepulcro est altare, ubi Zacharias sanctus occisus est, ubi arescit sanguis eius,* brev. 3 (Form a), p. 110, 70f. ed. WEBER; p. 154, 12.f. ed. GEYER.

228 p. 22,1 f. ed. GEYER; p. 15 f. ed. GEYER-CUNTZ in CChL. Zum rabbinischen Material über diese rote Ader in den Steinplatten zwischen Tempel und Brandopferaltar vgl. JEREMIAS, 46; zur Zacharias-Legende seitdem S. H. BLANK, The Death of Zachariah in Rabbinic Literature, HUCA 12/13 (1937/38), 327–346; H. FRHR. VON CAMPENHAUSEN, Das Martyrium des Zacharias (1958), in: Ders., Aus der Frühzeit des Christentums (Tübingen 1963), 302–307.

229 In Mt. 4,24 (p. 220, 316 ff. ed. HURST-ADRIAEN in CChL 77). Für das Verständnis wichtig ist es, ob das *sive* disjunktiv oder interpretativ gebraucht wird. BAGATTI (Anm. 154) deutet den Text so, daß Hieronymus nur von einer Blutspur im Süden zum Siloah-Tor hin schreibt; er identifiziert sie mit der dem Pilger von Bordeaux gezeigten Spur und findet darin dann ein Argument für die Südlage des herodianischen Tempels. Die Textinterpretation und damit die Argumentation ist aber nicht zwingend.

230 Für diese Angaben vgl. den in Anm. 151 genannten Brief ps. Kyrills, den S. BROCK bekanntgemacht hat. Die Hadriansstatue zu Pferde, die der Pilger von Bordeaux sah, er schreibt von zwei Statuen, war schon niedergerissen; die Bürger von Jerusalem haben sie dann wiederaufgerichtet, so daß Hieronymus schreiben konnte, *in ipso sancto sanctorum loco usque in praesentem diem stetit,* in Mt. IV zu 24,15 (p. 226, 449 f. ed. HURST-ADRIAEN in CChL 77). Falls man diese Lokalisierung „im Allerheiligsten selbst“ wörtlich nehmen könnte, würde erst recht verständlich, weshalb die Statue zuallererst niedergerissen wurde. Für Anhänger der These, daß die *ṣaḫra* den Ort des Allerheiligsten markiert, müßte die Statue dann auf dem Hl. Fels gestanden haben; es ist eindeutig, daß sie dann nicht mit dem *lapis pertusus* identifiziert werden kann (vgl. Anm. 195). Befand sich die *ṣaḫra* unter dem Brandopferaltar, wäre es in jedem Fall leichter, diesen vieldiskutierten „durchbohrten Stein“ mit ihr zu verbinden. Aber es ist eben die Frage, wieweit derartige Angaben der genannten Texte solche topographischen Detailfragen zu beantworten erlauben.

der alten Stelle nun nicht mehr sichtbar. Das würde es auch besser verständlich machen, daß Fremdenführer das ganze Geschehen im 6. Jahrhundert in die Grabeskirche verlegen konnten. Denn auf dem Tempelplatz ist der Autor des Breviariums dann doch gewesen. Hier erfuhr er nur, daß vom Salomonischen Tempel nichts geblieben sei außer einer Krypta (*nisi una cripta*), damit könnte dann allerdings die *ṣaḫra* gemeint gewesen sein[231]. Nun enthält dieser Pilgerbericht auch sonst Seltsames[232]. Hinsichtlich der Verbindung des Altars vor dem Hl. Grab mit Zacharias braucht aber nicht ausschließlich Fremdenführer-Latein vorzuliegen; die Jerusalemer Kirche beging nach dem Georgischen Lektionar dort am 27. September, also der Oktav nach dem Abschluß der Festwoche der Enkainien, den Gedenktag für den Vater des Täufers[233]. Es ist unverkennbar, wie der Komplex der Kirche am Hl. Grab nun auch biblische Traditionen an sich zieht, die eigentlich zum Tempel gehörten. Aber, wenn man solche Memorialtage einführte, wo sollte man sie auch feiern? Auf der Ebene der Pilgerführer konnten dabei dann auch Ortstraditionen wie die rote Blutspur mitwandern, immerhin sagt der Breviarius nicht unzweideutig, daß man sie ihm vor dem Hl. Grab gezeigt habe[234].

231 c. 6 (Form a), p. 112, 116 f. ed. WEBER in CChL 175; auch DONNER sieht in ihr die Höhle unter der *ṣaḫra,* Pilgerfahrt, 237 Anm. 25.

232 Z. B. ist – wieder in Form a – zwischen der Besichtigung des *sacrarium* der Konstantinsbasilika und dem Weg zur Zionskirche der Satz eingefügt: *Inde uadis ad illam basilicam, ubi inuenit Iesus ementes et uendentes columbas eiecitque foras,* c. 3 (p. 11, 82 ed. WEBER). Da ältere Pilgerberichte hiervon schweigen oder nicht vollständig erhalten sind, wissen wir nicht, ob früher die Tempelreinigungs-Tradition bei der Besichtigung des heutigen *ḥaram* eine Rolle gespielt hat. Hieronymus fügt der Exegese von Mt. 21, 12 ff. jedenfalls noch einen längeren, informativ gehaltenen Exkurs über die Umstände des Verkaufs von Opfertieren auf dem Tempelplatz und die damit verbundenen Geldgeschäfte ein, in Mt. III (p. 156, 1299 – 188, 1335 ed. HURST-ADRIAEN in CChL 77). Wenn man nicht annehmen will, daß dieser Satz in der Handschrift des Breviarius, die ihn enthält, versehentlich aus der Beschreibung des Tempelplatzes, die ja später kommt, unsinnigerweise hierher versprengt worden ist, stellt sich die Frage, ob nicht nun auch die Tempelreinigungs-Überlieferung zur Grabeskirche gewandert ist, etwa in den Bereich des östlichen Atrium. Auch wenn man die Aussage in den Zusammenhang der Visite des *ḥaram* verschiebt, bliebe sie die einzige Lokalisierung der Erzählung von der Tempelreinigung in der ganzen alten Pilgerliteratur. Für eine andere Lösung des Problems vgl. DONNER, Pilgerfahrt, 236 Anm. 17.

233 Lesung: Lk. 1, 11–25 (Nr. 1265 TARCHNISCHVILI). Der Memorialtag ist auch noch in dem georg. Kalender vom Sinai aus dem 10. Jh. notiert (S. 341 ed. GARITTE, vgl. Anm. 203), GARITTE hat auch weitere Angaben über die Verbreitung des Festes, das mit diesem Datum Jerusalemer Herkunft ist, im christlichen Osten notiert. Die Byzantiner feiern die Empfängnis des Vorläufers am 23. 9.

234 JEREMIAS möchte einen Traditionszusammenhang auch von dieser Blutspur „zwischen Tempel und Altar" zur angeblichen Spur des Blutes Christi am Felsspalt in Golgota über dem Adamschädel herstellen (S. 47) und nahm damit eine Anregung auf, die auf G. KLAMETH, Die neute-

Der Pilgergruppe aus Plaisance, die sich der himmlischen Führung des hl. Märtyrers Antoninus anvertraut hatte, zeigte man um 570 in der Zionskirche unter anderen Wunderdingen den „Stein, den die Bauleute verworfen haben" und den Jesus zum Eckstein machte (Ps. 118, 22; Mt. 21, 42; Act. 4, 11; 1Petr. 2, 4.7), einen ungestalten Brocken, den man offenbar aufheben konnte und aus dem man Geräusche hörte „wie das Murmeln vieler Menschen", wenn man ihn ans Ohr hielt[235] - ein ja etwa von größeren Muscheln bekannter Effekt. Ähnlich Haarsträubendes berichtete man den braven Leuten aus der Aemilia auch am Golgotafelsen: wenn man das Ohr an den Felsspalt (*creptura* oder *cripta*) beim Abrahamsaltar hält - also der späteren und heutigen Adamskapelle -, hört man Wasserflüsse rauschen, und ein schwimmbarer Gegenstand, der heruntergeworfen wird, könne dann im Teich Siloah wiedergefunden werden[236]. Nun gibt es jüdische Sagen von einem Kanal vom Brandopferaltar zum Kidrontal, es bestehen auch Zusammenhänge mit dem Wasserritus am Laubhüttenfest[237]. Aber reicht das aus, um in solchen Fremdenführermärchen des 6. Jahrhunderts einen Nachhall dieser Überlieferungen zu erkennen?

6. Versuchen wir eine Zusammenfassung: Der jüdische Tempel in Jerusalem war bis zu seiner Zerstörung das Zentralheiligtum des Judentums und blieb dies auch in der Idee und als Zukunftserwartung für Jahrhunderte, was nicht zuletzt die Versuche belegen, ihn wieder aufzubauen. Die Bauten Konstantins und seiner Nachfolger am Heiligen Grab und Golgota sind früh als Gegenstück zum Tempel Salomos verstanden worden, das trat schon bei der Wahl des Tages der

stamentlichen Lokaltraditionen Palästinas in der Zeit vor den Kreuzügen, I (NTA V/1; Münster 1914), 127ff. zurückgeht. Motivgeschichtlich mag das eine hilfreiche Klärung des Rahmens sein, in dem die seit dem Pilger aus Plaisance, also wieder dem 6. Jh. aus Reiseberichten bekannte Tradition entstehen konnte (Belege bei JEREMIAS [Anm. 115], 46f.). Es ist auch vorstellbar, daß die Phantasie der Jerusalemer durch die Blutspur auf dem Tempelplatz dazu angeregt wurde, etwas Ähnliches am Golgotafelsen zu suchen. Aber mit dem Übergang einer Tempeltradition zu diesem Felsen hat das doch nichts zu tun. Dagegen leuchtet die Beobachtung ein, das Schweigen von der Blutspur im Golgotafelsen in Pilgerberichten vom 7. Jh. bis zu den Kreuzzügen könnte damit zusammenhängen, daß sie im Modestosbau nicht mehr sichtbar war und erst nach den Zerstörungen unter Ḥākim wieder in Erscheinung trat. Wenn dies zutreffen sollte, wäre es ein Beleg dafür, daß der Klerus, insofern die offizielle Kirche derartigen Traditionen gegenüber Zurückhaltung übte, wie wir das ja bereits bei der Abrahamsüberlieferung konstatiert haben.

235 c. 22 (p. 173, 18ff. ed. GEYER in CSEL, p. 140, 18ff. in CChL 175; p. 205, 20ff. ed. GEYER in CSEL, p. 165, 20ff. in CChL 175).

236 c. 19 (p. 172, 5ff. ed. GEYER in CSEL, p. 139, 5ff. in CChL 175; p. 204, 12ff. ed. GEYER in CSEL, p. 164, 12ff. in CChL 175). Als Beispiel eines solchen schwimmenden Gegenstandes wird merkwürdigerweise ein Apfel genannt (*melum = malum?* bzw. *pomum*).

237 JEREMIAS (Anm. 115), 48. 60ff.

Einweihung 335 heraus, scheint sich auch im Gottesdienst niedergeschlagen zu haben und bestimmte das Selbstbewußtsein der Bischöfe der Heiligen Stadt, die sich nun wieder Bischöfe von Jerusalem, nicht Aelia nannten. Kyrill hat diese Kirche, genauer diesen Kirchenkomplex, offenbar geradezu als Zentralheiligtum des konstantinischen Reiches und damit der Christenheit verstanden. Insofern kann man von einer Erbfolge zwischen Tempel und Grabeskirche sprechen.

Unabhängig davon war längst zuvor, zunächst in judenchristlicher Theologie, Golgota, das Kreuz Christi, als Ort der Erlösung der Welt zum Mittelpunkt der Erde und Grab Adams geworden. Die Intention dieser Aussagen war primär theologisch, nicht topographisch. Sie sind uns literarisch vor allem aus Schriften bekannt, die judenchristlicher Tradition entstammen, später in der ganzen orientalischen Christenheit verbreitet waren, vor allem der Syr. Schatzhöhle und verwandten Legendenkränzen um Adams Fall und Erlösung. Diese Traditionen haben sich noch im 3. Jahrhundert auch im Heidenchristentum verbreitet, noch längst ehe Aelia Ziel einer breiten Pilgerbewegung geworden war. Zu dem seit 326 wieder freigelegten und zugleich in die Martyriumskirche Konstantins eingebundenen Golgotafelsen treten sie in frühbyzantinischer Zeit in verschiedenen Schüben in neue Beziehung. Als letzte theologische Triebkraft wird man wohl zu konstatieren haben, daß für den christlichen Glauben das Heil Gottes für die ganze Menschheit, für die Welt, durch Christus, Sein Kreuz und Seine Auferstehung, von Golgota und dem Hl. Grabe aus an die Stelle des Heils- und Segensstroms getreten ist, der für das alte Israel vom Tempel ausging. Auch insofern gibt es eine Erbfolge zwischen Tempel und Grabeskirche.

Strittig ist dagegen, ob es angemessen ist, von der Übertragung bestimmter Lokaltraditionen zu sprechen, also fester Vorstellungskomplexe von einer Örtlichkeit an eine andere, insbesondere vom Heiligen Fels auf dem Tempelplateau zum Felsen von Golgota in frühbyzantinischer Zeit. Die methodische Schwierigkeit liegt vor allem darin, daß es nicht möglich ist, die rabbinischen Erzählungen vom *šətiyyā*-Stein und seiner kosmischen Bedeutung sicher in die Zeit vor der Tempelzerstörung zurückzuführen. Auch eine alte Überlieferung von der Grablegung Adams und Evas auf dem Tempelplatz stellt noch keinen Zusammenhang mit der *ṣaḫra* dar. Umgekehrt ist das Adamsgrab unter Golgota, vermutlich in Verbindung mit einer ursprünglich natürlichen Höhlung im Fels, die einzige christliche Überlieferung, die mit Sicherheit als echte Ortstradition an der Memorialstätte der Kreuzigung Christi in vornizänische Zeit zurückreicht. Hier müßte erst von der judenchristlichen Überlieferung auf eine nicht nachgewiesene jüdische Tradition zurückgeschlossen werden, um die Hypothese einer Kultübertragung zu begründen. Man wird zumindest damit rechnen müssen, daß erst die Zerstörung des Tempels die *ṣaḫra* nicht nur freilegte, sondern auch so ins Bewußtsein rückte, daß volkstümliche und rabbinische Spekulation sich um diesen Stein ranken konnte. In dieser gleichen Zeit stand aber auch der Golgotafels frei in der Nähe des Grabes Christi. Es bleibt eine verlockende Hypothese, daß damals, zwischen den beiden jüdischen Aufständen, Christen begannen, im Golgotafelsen das gültige Gegenstück zur *ṣaḫra* zu sehen, auch wenn sie in der Form nichts Gemeinsames hatten, abgesehen von den Höhlungen im Fels. Der eigentliche Vergleichspunkt kann dann aber natürlich weder die Idee des Zentralheiligtums noch das Adamsgrab oder der Erdmittelpunkt gewesen sein, sondern nur das Kreuzesopfer Christi. Wenn wir versuchen, diese doch zunächst theologische Gewißheit zu der modernen archäologischen Fragestellung nach dem Standort des Tempels auf dem *ḥaram* in Beziehung zu setzen, würde eine Theorie, die in der *ṣaḫra* den Standort des Brandopferaltars sieht, besser passen als eine andere, die das Allerheiligste über dem Stein ansetzen will. Auch spätere Analogien weisen eher in diese Richtung[238]. Aber ob eine derartige topographische Präzision diesem theologischen Gedankengang auf beiden Seiten gerecht wird, das ist eben die Frage. Schon das Herumwandern bestimmter Ortstraditionen im Komplex der späteren Bauten am Hl. Grab macht mißtrauisch. Wenn bei Juden und Judenchristen nach 70 n. Chr. die *ṣaḫra* zum Memorialzentrum des zerstörten Tempels geworden sein sollte, hatte es dann für die Christen noch entscheidende Bedeutung, welche genauen Funktionen diesem Stein im alten Tempel zugekommen war? Für Juden freilich, die auf die Wiederaufnahme des Opferdienstes hofften, mußte diese Frage ihr Gewicht behalten, was sich in den Tagen Kaiser Julians zeigen sollte[239]. Der Golgotafelsen war aber als Memorialort des Kreuzes Christi auch topographischer Haftpunkt des Selbstopfers des Herrn zur Erlösung des Volkes und der Welt, unabhängig von jeder Tradition, die an der *ṣaḫra* auf dem Tempelplatz hängen mochte oder ihr damals zuwuchs. Deshalb bedarf auch die Anbindung der Überzeugung vom Adamsgrab unter dem Kreuz an diesen Felsen nicht der Ableitung von einer Tradition des Adamsgrabes im Hl. Fels.

Wechselwirkungen in der Deutung der beiden heiligen Steine sollen dadurch nicht grundsätzlich ausgeschlossen sein, aber sie bleiben freie Hypothese. Der Erdmittelpunkt mag für die Christen vom Tempel nach Golgota gewandert sein; das Adamsgrab in der Höhlung in der *ṣaḫra* könnten die nichtchristlichen Juden auch von den Christen übernommen haben. Aber gerade wenn man solche Möglichkeiten durchdenkt, tritt die Komplexität im Verhältnis zwischen topographischen und theologischen Traditionen heraus. In beiden Fällen haben oder

238 Vgl. Anm. 214, ferner Anm. 230.
239 Vgl. Anm. 151 und 230.

hätten sich Traditionen aufgrund theologischer Überzeugungen an einen Felsen angeheftet, der seine eigentliche Heilsbedeutung unabhängig vom Adamsgrab hatte, ja diese neue Überzeugung konnte und sollte jeweils nur einen Aspekt der vorgegebenen Heilsbedeutung herausstellen. Diese Legenden verdichteten oder entwickelten sich seit dem ausgehenden ersten bis zum 3. Jahrhundert, aber sie waren doch von Anfang an unterschiedlich akzentuiert. Das Adamsgrab auf dem Tempelplatz konnte nach der Konzeption aller wirklich vorchristlichen Adamsschriften doch nur den Ort seiner künftigen Auferstehung markieren. Vom Adamsgrab unter Golgota hat man nie sprechen können unabhängig von dem nur einen Steinwurf entfernten Grab Christi, eben wenn es sich um eine Ortstradition handelt – literarisch war der Zusammenhang durchaus abzublenden –; denn der Fels der Kreuzigung war nie eine gegenüber dem Ort der Auferstehung isolierte Memorialstätte, das haben die vorangegangenen Untersuchungen aufzuzeigen versucht. Gerade das Nebeneinander und Miteinander der Traditionen im heiligen Bezirk mußte jeder Einzeltradition ihre besondere Prägung geben. Theologische Gewißheit war die Erlösung durch das Kreuz Christi. Deshalb konnte sich die Ortstradition nur an den Golgotafelsen heften, vermutlich doch eben an die Höhlung an seinem Fuß, auch wenn dies archäologisch nicht mehr nachzuweisen ist. Das ist dann aber ein anderes Grab als das Grab Christi, auch wenn es gleichfalls ein „leeres" Grab gewesen sein muß. Es bezeugt nicht die künftige Auferstehung, überhaupt nicht Auferstehung, sondern die geschehene Erlösung durch den Gekreuzigten und Auferstandenen, also das Kreuz. Zugespitzt könnte man sagen, es ist Memorialstelle einer Idee, nicht eines Geschehnisses in der Biographie Adams; denn dort lag nicht sein Skelett. Es hat nie den Schädel Adams als Reliquie gegeben, wohl aber fand man die Blutstropfen Christi im Stein. Auch die topographische Präzisierung geht von der Kreuzigung Christi aus und bezeugt ihre Heilsbedeutung.

Für beide, Juden und Christen, brachte die Neugründung Jerusalems als römische Kolonie Aelia eine tiefgreifende Veränderung. Den Juden war nun der Zutritt zum Tempelplatz und damit zur *ṣaḫra* verwehrt, der Ort selbst entweiht, weil im Allerheiligsten die Reiterstatue Hadrians aufgestellt stand – für jeden Juden mußte das an den „Greuel der Verwüstung" (Dan. 11, 31; 12, 11) in den Tagen Antiochos' IV. erinnern, auch wenn diese Statue nicht in erster Linie Gegenstand kultischer Verehrung war. Das Memorialzeichen für den Tempel ist für die Juden, seit sie gelegentlich wieder Zutritt zum Tempelplatz haben, in byzantinischer Zeit offenbar ein Stein, mag dies nun der Hl. Fels gewesen sein oder nicht[240]; seine Funktion wird sehr viel später, in islamischer Zeit, die Klage-

240 Vgl. Anm. 195.

mauer übernehmen. Die Theologie des heiligen *šətiyyā*-Steins konnte sich aber weiterentwickeln, außerhalb Jerusalems, gerade in Babylonien. Da dieser Stein seinen Ort beim Tempel gefunden hat, bleibt auch diese Theologie ortsgebunden, auf den Tempel bezogen, an dem die Verheißung hängt, die Gott in der Zukunft erfüllen wird - wieder unabhängig davon, wieweit dieser *šətiyyā*-Stein nun wirklich die *ṣaḫra* ist oder nicht. Endgültige Klarheit hinsichtlich der Heiligkeit dieses Steines hat erst der Islam gebracht mit dem Bau einer Moschee und dann des Felsendoms über der *ṣaḫra.* Die Christen wußten um das Grab Christi unter dem Forum und sahen den Golgotafelsen nun gleichfalls entweiht, das Zentrum der Verehrung der Astarte-Venus, wohl die zentrale Kultstätte der Stadt, wie ja jetzt erst die Doppelmemorialstätte zur Ortsmitte geworden ist. Auch die christliche Golgotatradition bricht nicht ab, wenngleich sie keine Kulttradition sein konnte, dies vielleicht - im Unterschied zu den Traditionen des Tempelplatzes - nie war. Sie lebt in der heidenchristlichen Gemeinde Aelias weiter. Die Golgota-Theologie dagegen wächst sogar fort, ebenso wie die rabbinische Steintheologie, und sie ist ideell ebenso ortsbezogen, weil das Kreuz Christi ein Geschehen in Raum und Zeit ist. Diese Ausformung der Theologie vollzieht sich aber offenbar gleichfalls außerhalb Jerusalems, bei den Erben judenchristlicher Überlieferung wie im Heidenchristentum.

Die Geschichtsbezogenheit des christlichen Glaubens, die einen Bezug auf Gottes Handeln an bestimmten Orten einschließt, weil es letztlich um Jesus Christus geht, hat unter Konstantin die Umwandlung der verschütteten, traditionellen Memorialstätten in Kultorte ermöglicht, ja gefordert. Damit konnten die theologischen Überlieferungen sich wieder oder neu an einen Ort ankristallisieren, an den Felsen, soweit es um die Erlösung durch das Kreuzesopfer Christi ging und dessen Typen im Alten Testament. Geglaubte Überzeugung wird zur Lokaltradition. Gerade die „echte" alte Ortstradition, die wahrscheinlich schon zwischen den beiden jüdischen Aufständen gewachsen war, sicher ins 2./3. Jahrhundert zurückreicht, vom Adamsgrab unter dem Kreuz, ist aber im 4. Jahrhundert zunächst abgebrochen. Die Einbindung Golgotas in das Martyrium Konstantins, die auch die Aufgabe hatte, jede Kontinuität des Venuskultes am Hl. Felsen zu verhindern, schnitt damit die Adamsüberlieferung ab. Sie hat offenbar außerhalb Jerusalems weitergelebt. Erst allmählich konnte diese Überlieferung dann zusammen mit den anderen Traditionen der Typen der Erlösung wie Melchisedek und Abraham, die literarisch längst mit den Adamslegenden verwoben waren, auch an den Golgotafelsen im Komplex der Bauten am Hl. Grab zurückkehren, wobei die eigentlich treibenden Kräfte offenbar weniger in dem für den Gottesdienst verantwortlichen Klerus zu suchen wären, sondern eher auf der Ebene der Pilger und Fremdenführer. Das wird in Berichten des 6. Jahrhunderts deutlich; die Anfänge einer solchen Ausweitung der Golgotatraditionen - aus der Sicht des 4. Jahrhunderts - mögen weiter zurückreichen. Bei den nach dem Persersturm notwendigen Restaurationsarbeiten unter dem späteren Patriarchen Modestos finden im 7. Jahrhundert derartige Traditionen wie Adamsgrab und Abrahamsaltar dann - modifiziert - auch offiziell Aufnahme in die Ausstattung des Kirchenkomplexes und die Liturgie[241]. Man kann in dieser ganzen Entwicklung noch einmal das gleiche Gesetz am Werk sehen, nach dem die heidenchristliche Kirche Aelias seit dem 2. Jahrhundert judenchristliche Traditionen ihrer Umwelt in Osterfest und Jakobusüberlieferung aufnahm und umprägte[242].

Das heißt aber doch im Ergebnis, daß die altkirchlichen Golgotaüberlieferungen für die Frage nach dem genauen Standort des herodianischen und damit doch auch des salomonischen Tempels auf dem heutigen *Ḥaram eš-Šerīf*, insbesondere in Beziehung zur *ṣaḫra*, wenig austragen. Am ehesten könnten sie die Hypothese stützen, dieser Stein markiere den Ort des Brandopferaltars - aber auch hierfür gibt es nur Hinweise, keine zwingenden Beweise; sie sind zudem letztlich alle theologischer, nicht archäologischer Art. Der topographisch-archäologische Befund scheint mir am ehesten dafür zu sprechen, daß die *ṣaḫra* nicht in den Tempel im eigentlichen Sinn einbezogen war, sondern unter den Aufschüttungen, auf denen der Herodesbau errichtet war, verborgen[243]. Aber wie auch immer das Urteil hier bei der Abwägung der Möglichkeiten und Hypothesen ausfällt, bemerkenswert bleibt, daß am Ende des geschilderten Weges doch eine weitgehende Analogie zwischen den an den jeweiligen Zentralheiligtümern der Juden, der Samaritaner und der Christen haftenden Legenden und Theologumena besteht. Sie sind im Heiligen Land eben alle auf dem gleichen Wurzelboden gewachsen und blieben der Verheißung Gottes für sein Volk zugeordnet, also der biblischen Heilsgeschichte von der Schöpfung an. Schließlich bleibt es zu untersuchen, wie es kommen konnte, daß in der Kreuzfahrerzeit plötzlich eine Fülle christlicher Ortslegenden am Tempelplatz auftauchen, die unbestreitbar in jüdischer Erbfolge stehen. Doch ist dies ein eigenes Thema, das hier nicht mehr angesprochen werden muß.

241 Doch auch dies ist keine eindeutige Entwicklung. Die Adamskapelle wird gebaut, aber die Blutspur am Golgotafelsen verschwindet; ein „Abrahamsaltar" findet seinen Platz, relativ weit vom Golgotafelsen entfernt, doch wird er von Gen. 15, nicht von Gen. 22 her verstanden. Der Zachariastag am 27. 9. wird älter sein, da schon Maximus Confessor ihn kennt (vgl. Anm. 233, das von GARITTE gesammelte Material); kommemoriert wird nun aber die Ankündigung der Geburt des Täufers (Lk. 1), nicht die Ermordung des - oft mit dem Vater des Johannes gleichgesetzten - Propheten (Mt. 23). Dieser Gedenktag gehört also in den Umkreis der Inkarnation wie die Marienkirche im heiligen Bezirk von Golgota und dem Grab Christi.

242 Dazu wieder ZDPV 87, (1971), 168–174.

243 Mich selbst haben am stärksten die Argumente VOGTS und BAGATTIS (Anm. 154) überzeugt; danach hätte die *ṣaḫra* außerhalb des Tempels gelegen.

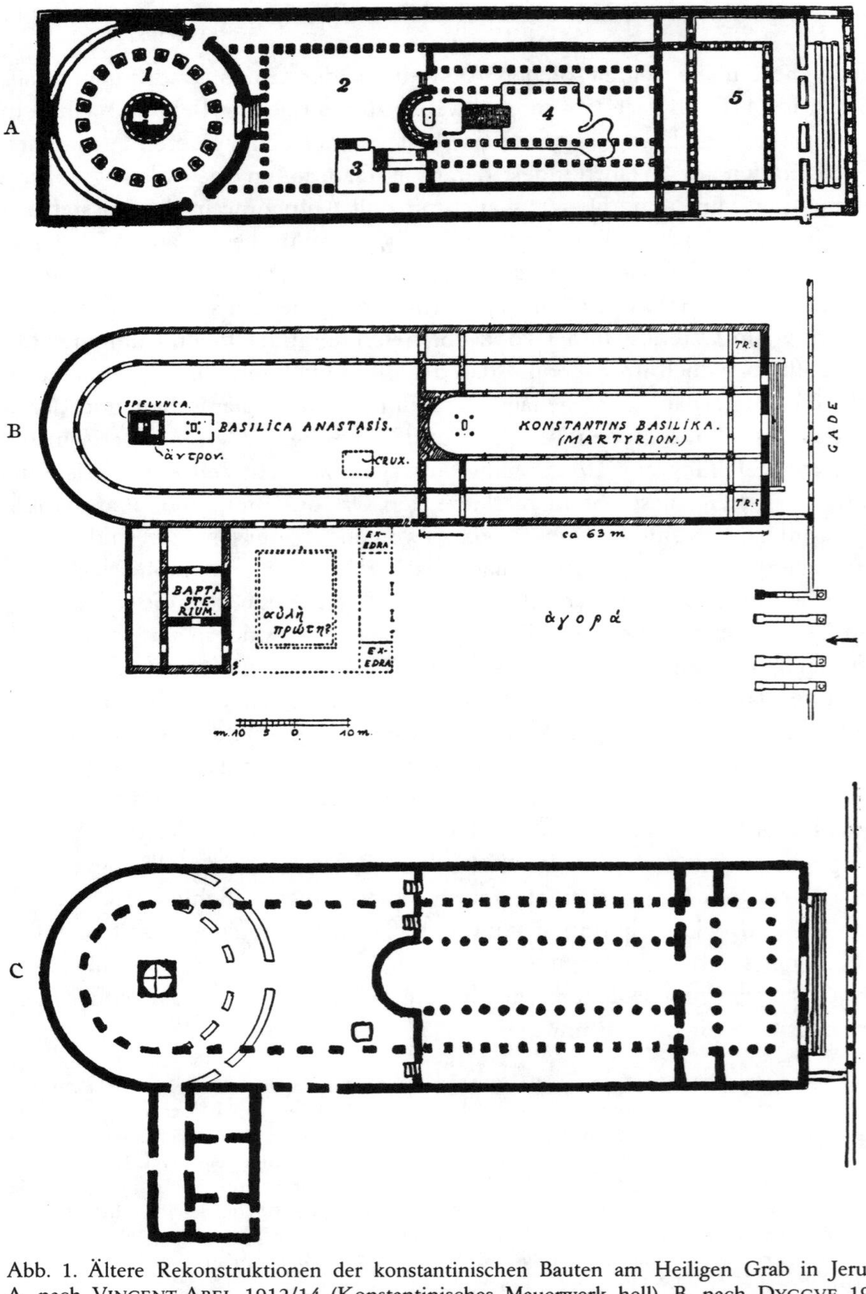

Abb. 1. Ältere Rekonstruktionen der konstantinischen Bauten am Heiligen Grab in Jerusalem: A. nach VINCENT-ABEL 1912/14 (Konstantinisches Mauerwerk hell), B. nach DYGGVE 1939/41 (Konstantinisches Mauerwerk schwarz), C. nach WISTRAND 1952 (hell nachkonstantinisch). Aus: WISTRAND, 50.

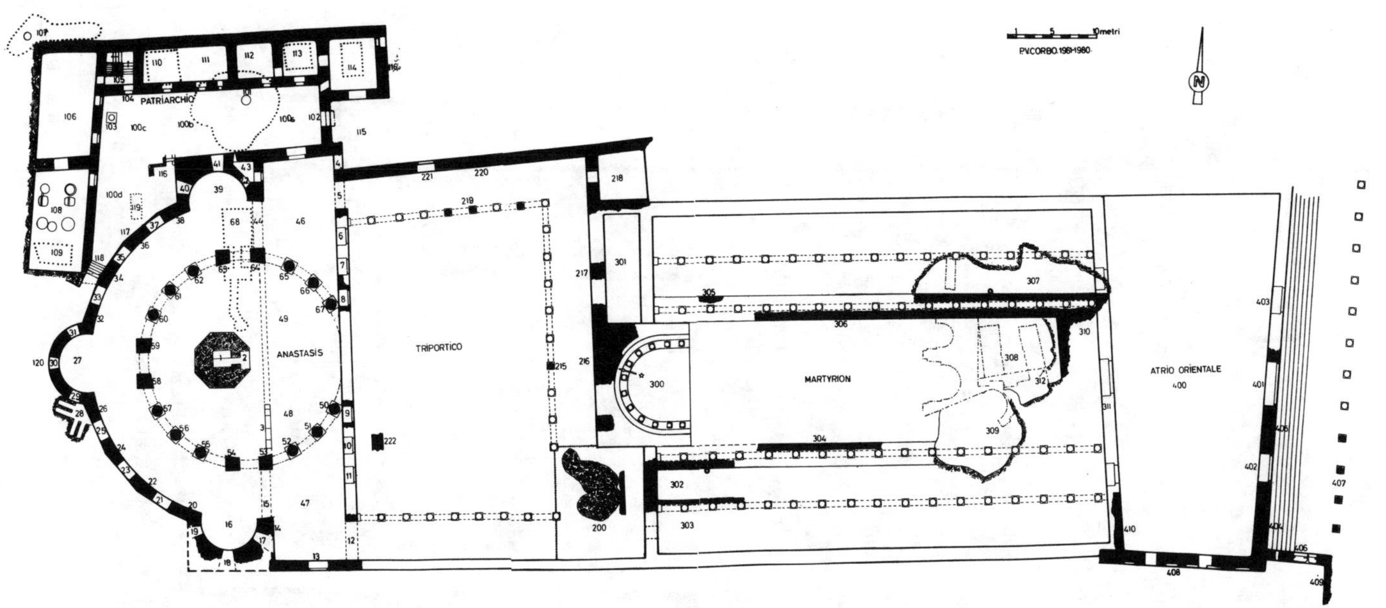

Abb. 2. Rekonstruktion der konstantinischen Bauten am Heiligen Grab in Jerusalem nach CORBO 1981/82 Tav. 3. Mit freundl. Genehmigung des Studium Biblicum Franciscanum, Jerusalem.

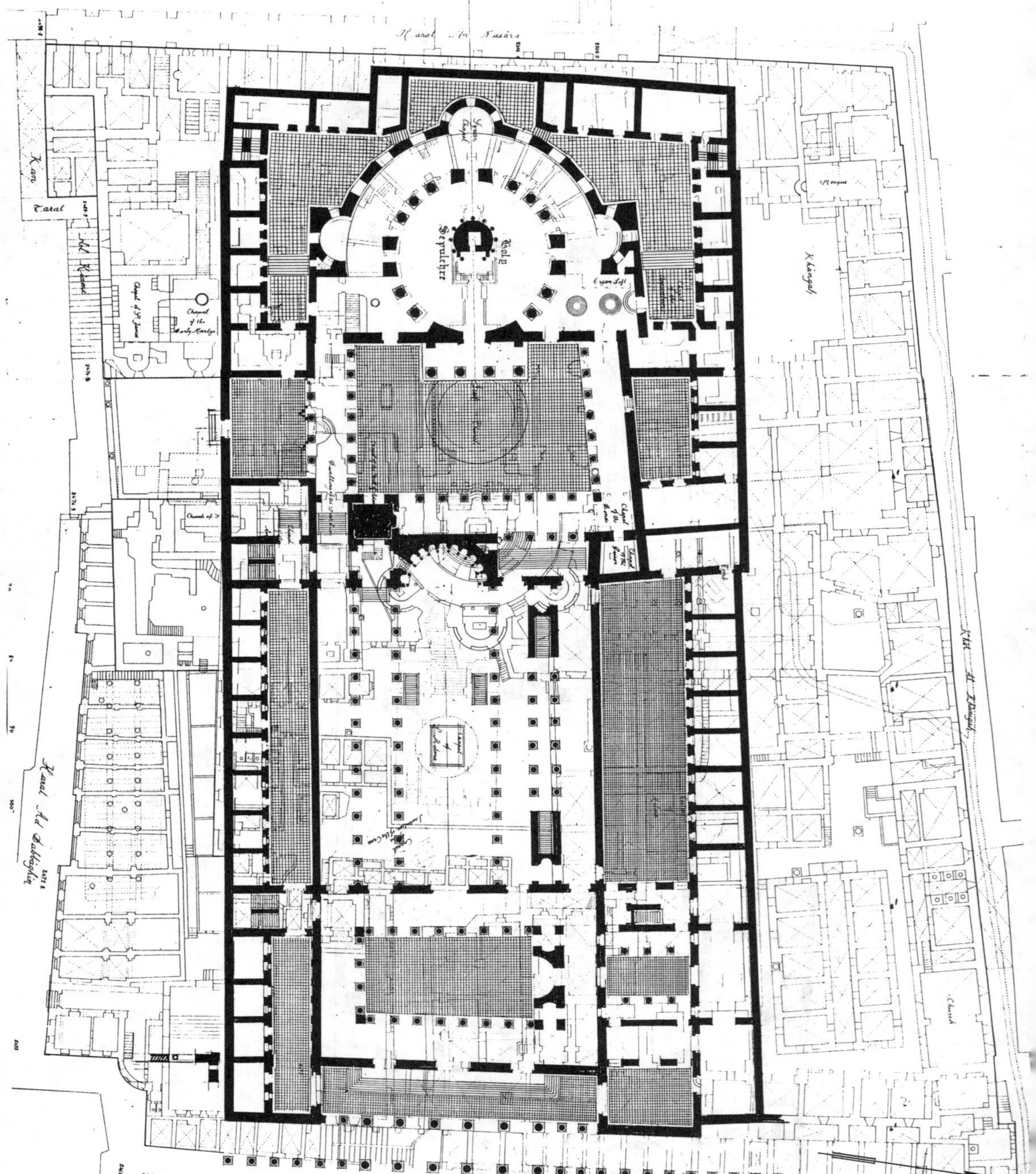

CH COÛASNON ARCH. 1968

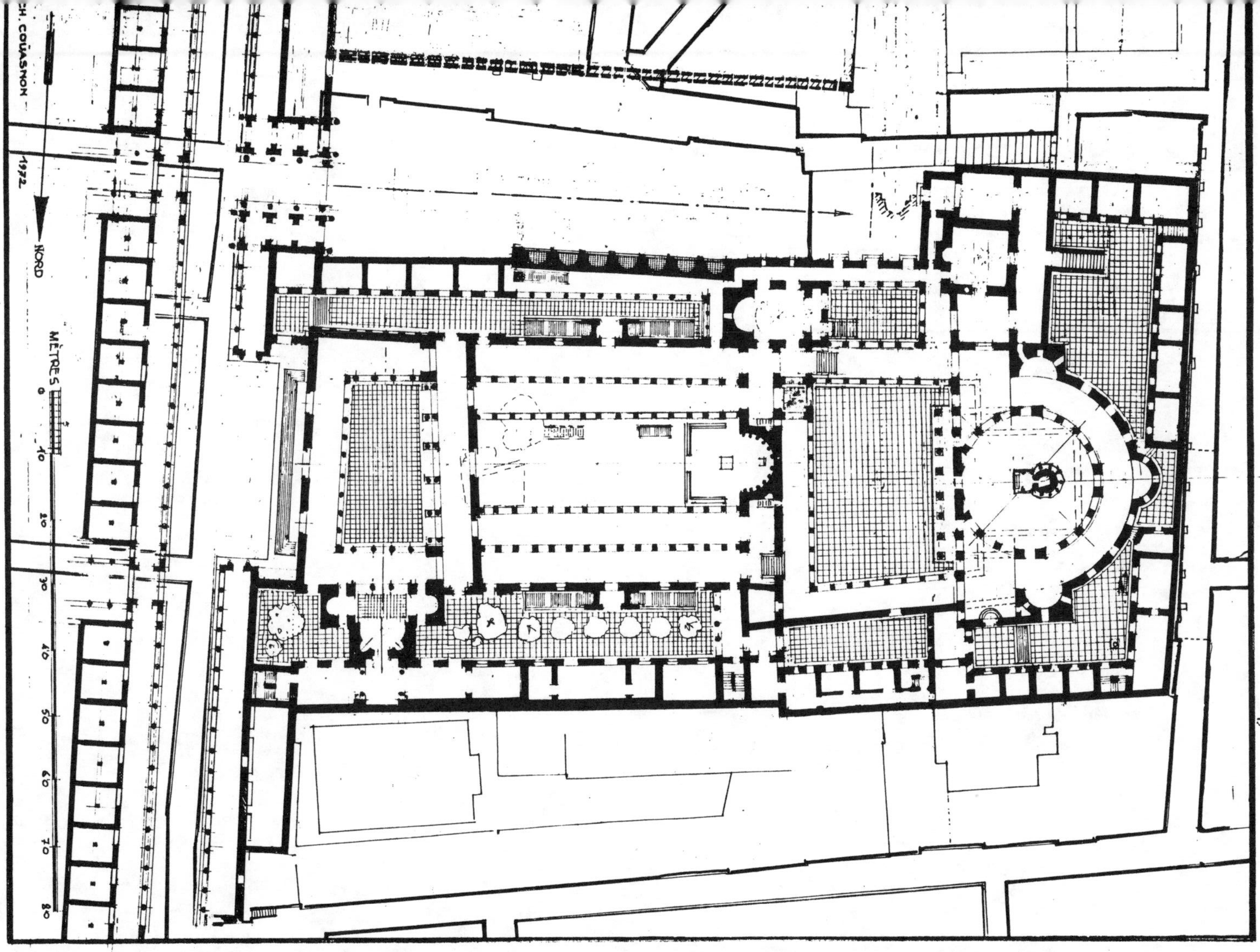

Abb. 3a-b Rekonstruktionen der konstantinischen Bauten am Heiligen Grab in Jerusalem nach COÜASNON 1968 (oben) und 1972/74 pl. VIII (unten).
Mit freundl. Genehmigung der École Biblique et Archéologique Française, Jerusalem und der British Academy.